讲给孩子的

科学通识课

海洋世界

童 心 / 编著

化学工业出版社

·北京·

图书在版编目（CIP）数据

讲给孩子的科学通识课. 海洋世界 / 童心编著. —北京：
化学工业出版社，2023.11
ISBN 978-7-122-44135-5

Ⅰ. ①讲… Ⅱ. ①童… Ⅲ. ①科学知识—儿童读物②海
洋—儿童读物 Ⅳ. ①Z228.1②P7-49

中国国家版本馆CIP数据核字（2023）第175079号

责任编辑：史　懿　　　　　　　　　　装帧设计：刘丽华
责任校对：边　涛

出版发行：化学工业出版社（北京市东城区青年湖南街13号　邮政编码 100011）
印　　装：天津图文方嘉印刷有限公司
710mm×1000mm　1/16　印张10　字数150千字　2024年1月北京第1版第1次印刷

购书咨询：010-64518888　　　　　　售后服务：010-64518899
网　　址：http://www.cip.com.cn
凡购买本书，如有缺损质量问题，本社销售中心负责调换。

定　　价：49.80元　　　　　　　　　　版权所有　违者必究

科学早知道

浩瀚而神秘的海洋里，生活着一群生物，它们当中有植物，有动物，也有微生物。在海洋这个广阔的空间里，它们以自己独有的方式生存并繁衍着，给我们的地球带来无限生机。

本书介绍了各种各样的海洋生物，从几千米深处的海底生物到海面的浮游生物，从低等的原生动物到高级的哺乳动物，比如贝类、海星、海蛇、水母、海豚等，总之，小到会发光的南极磷虾，大到世界上最重的动物蓝鲸，全部"一网打尽"。另外，针对海洋环境的形成、演变及发展，也有详细的解答。本书插图精美有趣，语言生动科学，集知识性、趣味性、科学性于一身。

海洋神秘莫测，海洋生物生生不息。当你凝望海鸟从海面低飞掠过时，当你观看海豚在水中嬉闹时，当你发现鱼儿从海面腾空而起时，当你欣赏企鹅憨态可掬地在雪地上行走时，我们怎能不为这单纯而蓬勃的生命气息而感动？愿你翻开本书时可以领略其中的神奇，相信这本书也会为你展示一个多彩多姿、神秘有趣，同时又充满好玩故事的海洋世界。

童心

2023 年 9 月

目 录

第1章 神秘大海 / 1

为什么说海洋是地球生命的保护者？ ...1
海水是从哪里来的？ 2
海与洋有什么区别呢？ 3
四大洋是怎么划分的？ 4
海为什么是蓝色的？ 5
酸雨是怎么形成的？ 5
为什么浪花是白色的？ 6
海水为什么那么咸呢？ 6
海水为什么会越来越咸呢？ 7
最咸的海在哪里？ 7
海边的沙滩是怎么来的？ 8
大海里的岛屿是怎么来的？ 9
世界上有哪些独特的岛屿？ 9
为什么大多数河流都流向了大海？ ...10
海里为什么会有石油呢？ 10
海洋中也有山脉和峡谷吗？ 11
为什么说墨西哥湾
像一个巨大的"暖气管"？ 12
海边为什么冬暖夏凉呢？ 13
黑海为什么是黑色的？ 14
海洋为什么会变成红色？ 15
为什么有些海底区域会烟雾缭绕？ ...15
海水也像江水一样流动吗？ 16

为什么在海边白天和晚间风向不同？ ...17
海里也有火山吗？ 18
海洋中有些岛屿为什么时隐时现？ 18
海底为什么会有热泉？ 19
海底的压力有多大？ 20
什么是海啸？ 21
巨浪是怎么形成的呢？ 21
为什么海水有涨潮与落潮？ 22
海啸的破坏力有多大？ 22
为什么海洋怎么也灌不满？ 23
为什么海底是漆黑的？ 23
海水为什么不会把喷涌的
海底火山扑灭？ 24
为什么海岸线曲曲折折的？ 25
为什么海滩上有很多细沙？ 25
沙滩为什么是金色的？ 26
为什么海滩上会有贝壳？ 26
海浪可以用来发电吗？ 27
夏天的大海为什么会很"凉"？ 28
海水为什么不容易结冰？ 28

第2章 海洋生物 / 29

大海里真的有美人鱼吗? 29

海洋动物会变性吗? 30

海洋生物也像候鸟一样迁徙吗? 30

海洋食物链是什么样的? 31

贝类有大脑吗? 32

为什么从海螺壳里能听得到海浪声? ..32

贝类长期闭着壳不会被饿死吗? 33

为什么贝壳里能长出珍珠来? 33

贝类煮熟后贝壳为什么会张开呢? 34

对虾都是雌雄成对的吗? 34

虾煮熟后为什么会变成红色? 35

虾为什么总是弓着身子? 36

磷虾为什么被称为

南半球海洋生态系统的一把钥匙? 36

龙虾为什么要蜕皮? 37

龙虾为什么不怕受伤呢? 37

牡蛎为什么被称为"海洋牛奶"? 38

鲍鱼究竟是不是鱼? 39

鲍鱼有什么营养和功效? 39

鲍鱼为什么又被称为"九孔螺"? 40

鲍鱼的肉足究竟有多大力量? 40

为什么螃蟹只会横着走? 41

螃蟹为什么喜欢吐泡泡? 42

螃蟹的"耳朵"为什么长在脚上? 42

螃蟹有骨头吗? 43

为什么螃蟹要换壳? 43

寄居蟹为什么背着螺壳? 44

寄居蟹为什么经常搬家? 44

招潮蟹真的能"招"来潮水吗? 45

海龟为什么要流泪? 46

海龟为什么很难翻身? 47

玳瑁是最小的海龟吗? 47

海胆有没有毒? 48

海绵是动物还是植物? 48

为什么说墨鱼不是鱼? 49

墨鱼为什么能喷出墨汁来? 49

为什么墨鱼会在夜间发光? 50

为什么墨鱼也会飞行? 50

为什么说章鱼是"海洋变色龙"? 51

章鱼的身体为什么那么柔软? 52

为什么章鱼要弄断自己的触手? 53

为什么说章鱼最厉害的武器是毒汁? ...54

章鱼是怎样睡觉的? 54

海星没有脚,它们怎么走路? 55

海星有几个角? 55

海星为什么具有很强的再生能力? 55

海星是怎么吃东西的? 56

海参为什么特别善于自残? ……………57

海参为什么被称为世界上
最纯净的生物? ……………………57

海参为什么要在夏季休眠呢? …………58

为什么说水母是世界上最大的动物? …59

为什么水母没有牙却会咬人? …………59

为什么说珊瑚是动物呢? ………………60

珊瑚为什么能形成岛屿? ………………60

最大的珊瑚礁有多大? …………………61

海带是"海洋里的庄稼"吗? …………61

海带不开花是如何繁殖后代的呢? ……62

海里的"馒头"是什么? ………………62

海蜇怎样游动? …………………………63

海蜇有毒吗? ……………………………63

海里有刺猬吗? …………………………64

海兔是海里的兔子吗? …………………65

海兔也像兔子那样蹦蹦跳跳的吗? ……65

海里的菊花是什么动物? ………………66

谁是海洋中寿命最长的动物? …………67

海蛇喜欢在什么地方聚集? ……………67

海蛇身上有鳞吗? ………………………68

海蛇是如何游泳的? ……………………69

海蛇吃什么? ……………………………69

海里的"龙"是谁? ……………………70

什么是海肠? ……………………………71

为什么海里见不到青蛙? ………………71

鲸为什么要喷水? ………………………72

鲸为什么会"自杀"? …………………73

蓝鲸真是地球上最重的动物吗? ………74

蓝鲸以什么为食呢? ……………………75

蓝鲸是怎样吃东西的? …………………75

鲸鱼是怎样睡觉的? ……………………76

座头鲸为什么喜欢唱歌? ………………76

独角鲸的长牙有什么用? ………………77

独角鲸只有一颗牙齿吗? ………………78

虎鲸是怎样制服鲨鱼的? ………………78

虎鲸为什么会成为"乖演员"? ………79

虎鲸的战斗力有多强? …………………79

海豚为什么特别聪明? …………………80

海豚是鲨鱼的天敌吗? …………………81

为什么说海豚是人类的朋友? …………81

海豚为什么被称为"海上救生员"? …82

海豚为什么又叫"不眠动物"? ………83

鲎为什么被称为"海底鸳鸯"? ………83

第3章 海洋鱼类 / 84

海里的鱼是从哪里来的? …………………84

为什么鱼死后都浮在水面上? …………85

鱼死后为什么肚皮朝上? ………………86

鱼为什么要睁着眼睛睡觉? ……………86

鱼开膛后为什么还能游动? ……………87

鱼没有耳朵,为什么听觉很好? ………87

鱼张嘴是在喝水吗? ……………………88

为什么鱼的身体上有侧线? ……………89

为什么鱼游泳时总是背部朝上? ………89

为什么鱼会跳出水面? ……………… 90

宰鱼的时候为什么看不到鱼
流很多血? ………………………… 91

为什么说鱼是两栖动物的祖先? … 91

为什么鱼会有腥味? ……………… 92

鱼类也有自己的语言吗? ………… 92

为什么鱼在水中可以沉浮自如? … 93

为什么鱼有鳞和刺? ……………… 93

所有的鱼都是冷血动物吗? ……… 94

什么是洄游? ……………………… 95

鱼翅是鱼的什么部位? …………… 95

鲨鱼为什么很少生病? …………… 96

为什么鲨鱼允许小鱼游进它的嘴里? … 96

鲨鱼为什么老远就能闻到水里的
血腥味? …………………………… 97

热带鱼为什么体色非常鲜艳? …… 98

鲫鱼为什么被称为"免费"的
旅行家? …………………………… 98

翻车鱼为什么颠三倒四的? ……… 99

鲑鱼为什么能记住洄游的路? …… 100

四眼鱼真的有四只眼睛吗? ……… 101

小丑鱼真的很丑吗? ……………… 101

为什么小丑鱼喜欢和海葵在一起? … 102

为什么说小海马是海马爸爸"生"
出来的? …………………………… 103

海马怎么吃东西呢? ……………… 104

海马是怎样游泳的呢? …………… 104

香鱼为什么会有香味? …………… 105

老板鱼是一种什么鱼? …………… 105

裂唇鱼为什么喜欢给其他的鱼
"看病"? …………………………… 106

为什么称琵琶鱼是"海洋中的
垂钓者"? ………………………… 107

琵琶鱼是怎样出生的? …………… 108

琵琶鱼为什么又叫"怪胎"? …… 108

接吻鱼为什么喜欢"接吻"? …… 109

石头鱼为什么含有剧毒? ………… 110

石头鱼可以吃吗? ………………… 111

石头鱼怎样捕食? ………………… 111

弹涂鱼为什么又叫"泥猴"? …… 111

弹涂鱼离开水为什么不会死? …… 112

飞鱼真的会飞吗? ………………… 113

旗鱼为什么又被称为"海洋杀手"? … 114

为什么鳕鱼的血液到了零度以下
都不会结冰? ……………………… 114

带鱼真的会自相残杀吗? ………… 115

为什么菜市场没有活带鱼卖? …… 116

黄花鱼脑袋里面为什么有石头? … 117

黄花鱼为什么总喜欢大声叫喊呢? … 117

有能发电的鱼吗? ………………… 118

电鳗为什么能放电? ……………………119

盲鳗是如何吃掉大鱼的? ……………120

海鳗是海里的暴力狂吗? ……………120

比目鱼的眼睛为什么长在同一边? …121

比目鱼为什么会变色? ………………122

比目鱼一出生两眼就长在一起吗? …123

为什么豹鳎能制服大鲨鱼? …………123

比目鱼的两眼在左侧还是在右侧? …124

比目鱼是成对游动的吗? ……………125

深海中的鱼为什么会发光? …………125

深海的鱼类为什么能够

承受巨大的水压? ……………………126

为什么许多深海鱼的眼睛特别大? …126

为什么很多深海鱼的视力都很差? …127

鱼鳞有什么作用? ……………………127

剑鱼能刺死人吗? ……………………128

射水鱼为什么被誉为"神射手"? …129

射水鱼是如何被发现的? ……………130

射水鱼为什么要射人呢? ……………131

盒子鱼是什么鱼? ……………………131

鱼也会伪装吗? ………………………132

海水鱼为什么不会变咸鱼? …………133

鱼的血有白色的吗? …………………133

金枪鱼为什么要不停地游动? ………134

水里的"皮球"是什么? ……………134

灯笼鱼真的有灯笼吗? ………………135

海洋中的模特是谁? …………………135

海里有"神仙"吗? …………………136

麒麟鱼的名字是怎样来的? …………137

为什么鲑鱼很受人们欢迎? …………137

第4章 飞禽走兽 / 138

海鸟家族有哪些成员? ………………138

海鸟也要迁徙吗? ……………………138

海鸟为什么可以喝海水? ……………139

为什么海鸥是海上的"天气

预报员"? ……………………………140

海鸥为什么会随着轮船飞行? ………141

为什么白头海雕又叫作"强盗鸟"? …141

为什么说信天翁是真正的海洋之鸟? …142

为什么称信天翁是"风之骄子"? …143

企鹅为什么不怕冷? …………………143

为什么企鹅生活在南极而不是北极? …144

企鹅的名字是怎么来的? ……………145

北极熊真的都是"左撇子"吗? ……146

什么是海兽? …………………………147

海狮是海中的狮子吗? ………………147

海獭为什么喜欢整理皮毛? …………148

斑海豹为什么又被称作海狗? ………149

海豹为什么一上岸就"哆嗦"? ……149

北极狐为什么又称白狐? ……………150

海象真的很笨拙吗? …………………151

海象的长牙有什么用? ………………151

海牛为什么被称为

海里的"除草机"呢? ………………152

为什么说海洋是地球生命的保护者?

　　小朋友们都知道爸爸妈妈是自己的保护者,当有危险时,爸爸妈妈会毫不犹豫地保护我们。那么,小朋友们知道谁是地球生命的保护者吗?

　　其实,海洋就是地球生命的保护者。一定有小朋友很不解:"我们又不住在大海里面,大海怎么会成为我们的保护者呢?"那是因为,地球最早期的生命就是在海洋中孕育的,海洋被称为生命的摇篮,为生命提供了非常丰富的食物。不仅如此,海洋中的藻类还提供了生命必需的氧气,让我们能够大口大口地呼吸新鲜空气。

　　除此之外,海洋还是地球的气候"调节器"呢!海洋与我们居住的陆地时刻进行着大气交换活动,通过输送热量、水汽以及二氧化碳等能够很好地调节大气的温度,使气候更适宜生命生存。由此可见,海洋还真是地球生命的保护者呢!

　　当然了,海洋保护了地球生命,我们也要保护好海洋,不要因为我们人类的活动去污染、破坏海洋资源。

海水是从哪里来的?

虽然我们居住的星球名字叫"地球",可它却是一个不折不扣的"水球"。地球的表面积约为5.1亿平方千米,其中海洋的面积约为3.6亿平方千米,约占整个地球表面积的71%。由此可见,"水球"这个称号才更加适合我们赖以生存的这个星球。

一定会有小朋友好奇地问:"海洋这么大,海水这么多,那海水是从哪里来的呢?"其实科学家们也在为这个问题头疼,一些科学家认为海水是由撞击地球的彗星带来的。这些彗星可是一个个大冰块呢,当它们进入大气层后就会因为摩擦生热而变为水蒸气,进而形成水。

还有科学家认为这些海水就是在地球上产生的,它们是由来自地幔的"初生水"构成的。究竟哪种观点才是正确的,目前仍然无法得知,这个疑问就留给聪明的小朋友们长大之后去探索吧。

海与洋有什么区别呢?

提起大海，很多小朋友一定会立刻想起很多与大海有关的事物，如海龟、贝壳、海浪、鲨鱼……小朋友们会非常自豪地宣称自己非常了解大海。呵呵，可不要太得意哟，还有很多你们不知道的事呢！比如，你们知道海与洋有什么区别吗？

我们的地球被海洋包围着，在地球表面有约71%的面积是海洋。平时，我们总是将海和洋合在一起叫海洋，其实海和洋是有区别的。

那么它们究竟有什么区别呢？其实海是海洋靠近大陆的部分，海的内侧是我们居住的陆地，海的外侧就是洋。通常情况下，海的水深在2000米以内，面积要比洋小很多，陆地对其温度和盐度有着很大的影响。除此之外，海还有季节变化。

而洋一般则远离大陆，水域面积比海要广阔得多。其水深都超过了2000米。洋不受陆地的影响，有独立的运动系统，洋水的性质很稳定。事实上，海和洋是相互连通的，而海洋则代表着这个整体。小朋友们现在弄明白了吗？

四大洋是怎么划分的?

小朋友们都知道地球上有四大洋——太平洋、印度洋、大西洋以及北冰洋。那么,小朋友们知道它们是怎么划分的吗?告诉你吧,四大洋是根据地理标志来划分的。

太平洋与大西洋以巴拿马运河和通过南美洲南端合恩角的西经67°经线(往南直抵南极大陆)为界。

太平洋与印度洋的分界是马六甲海峡和通过塔斯马尼亚岛最南端的东南角的东经146°经线(往南直抵南极大陆)。

太平洋与北冰洋以白令海峡为界。

大西洋与印度洋以苏伊士运河和通过非洲最南端的厄加勒斯角的东经20°经线(往南直抵南极大陆)为分界。

大西洋与北冰洋的分界线则是挪威最北端的诺尔辰角,经斯匹次卑根群岛东南端、冰岛,横穿丹麦海峡至格陵兰岛南端的费尔韦尔角,沿戴维斯海峡南边,最后达拉布拉多半岛的伯韦尔港一线。

智慧大本营

在四大洋中,太平洋是面积最广阔、深度最大,同时也是边缘海和岛屿最多的大洋。太平洋总面积超过1.7亿平方千米,占地球表面积的三分之一,是世界海洋面积的二分之一。

太阳光在海洋中的消失示意图

海为什么是蓝色的?

当航行在广阔的大海上时，我们总会被大海的美景所深深吸引。站在船上，放眼望去，蔚蓝的大海宽广无比，一阵阵海风吹来，实在是太美妙了。一定会有小朋友好奇地问："为什么海水是蓝色的呢？"其实海水并不是蓝色的哟，当你用手捧起海水时就会发现海水其实也是透明的。

那为什么我们看到的海水是蓝色的呢？是我们的视觉出现了问题吗？当然不是啦，其实这是太阳捣的鬼。

我们都知道阳光有红、橙、黄、绿、蓝、靛、紫七种颜色。在这七种颜色中，红光、橙光的波长较长，蓝光和紫光的波长较短。当阳光照射在海洋中时，红光和橙光就会被海水吸收。蓝光和紫光则会被海水反射和折射，并且海水越深，这种折射、反射的效果就越明显，使得海水看上去碧蓝无比。怎么样，是不是很奇特呀？

作为一名冲浪运动员，海上的巨浪可是我的最爱哦！

酸雨是怎么形成的?

雨水作为海洋水循环的一个重要环节，对海洋环境有着很大的影响。

在一些工业发达的城市，工厂排放出的二氧化硫、氮氧化物等废气会严重污染大气层。它们与空气中的水发生反应，生成硫酸、硝酸等，再随着雨水落到地面。这样的雨就叫作酸雨。

酸雨会使土壤逐渐变酸，森林和草原也会逐渐变黄、枯萎。而这些酸雨通过水循环流入大海，对海洋造成污染，严重威胁海洋生物的生存。

为什么浪花是白色的？

我们知道了海水是无色的，蓝色只是海水折射和反射阳光造成的。那么，为什么浪花是白色的呢？浪花其实主要是由泡沫和一些小水珠组成的，在这些泡沫表面覆盖着一层薄薄的水膜。

小朋友们可千万不要瞧不起这些小水膜，它们可是有大本领呢！它们就像是一个个微型的棱镜，当阳光照射在泡沫和水珠上时，水膜就会对其进行折射和反射，而折射和反射到泡沫和水珠内的光线又会被其他的泡沫和水珠的表面再次折射和反射。这样不停循环，最终光线会从各个不同的方向反射出来。对于所有的泡沫和水珠的表面来说，它们反射各种可见光的概率基本上是一样的，这就使浪花呈现出了白颜色。

海水为什么那么咸呢？

小朋友们都知道海水非常咸，根本不能喝。那是什么原因让一望无边的大海这么咸呢？其实，海水之所以如此咸，是与海水中含有约35‰的盐有关。这些盐并不是我们平时吃的盐。它们主要是由氯化钠组成的，除此之外，海水中还有大量的氯化盐类。这些盐类让海水非常咸，不能入口。

有的小朋友会好奇地问："这些盐类究竟从哪里来的呢？"其实科学家们也对这个问题非常好奇。一些科学家认为由于水流的侵蚀，地表岩石中的盐分不断地溶于水中，而这些水流汇聚后大都流入了海中。在不断蒸发的过程中，盐分慢慢地沉积下来。久而久之，海水就变成咸的了。

海水为什么会越来越咸呢？

粗大的盐粒

海水中含有大量的盐类，这使得海水非常咸，难以入口。然而，事实上海水还在变得越来越咸。这是为什么呢？

原来，随着时间慢慢地推移，注入海洋的水越来越多地将河流上游的盐类物质溶解后带入海中，而海水经过不断蒸发，盐的浓度就越来越高，海水也就越来越咸了。

海底火山喷发

智慧大本营

其实，还有一些科学家认为海水从一开始就是非常咸的。而另外的一些科学家则认为海水之所以含有如此高的盐分，是因为不仅有陆地上的盐分，还包括海底火山喷发、海底岩浆溢出等活动排出的盐分，这种看法也得到了不少人的认可。

最咸的海在哪里？

死海位于约旦和巴勒斯坦交界处，是世界上最咸的海，潜入海底你会发现许多像蘑菇一样的大盐块。因为死海盐太多、水太咸，即使是鱼儿和海藻也无法在那里生存。

海边的沙滩是怎么来的?

在炎热的夏天，海边也许是最热闹的地方啦！湛蓝的海水里，金黄的沙滩上，到处都是欢乐的气氛。尤其是柔软的沙滩，躺上去就像躺在一张软绵绵的床上，人们还喜欢光着脚丫在沙滩上画出各种形状，或者将身体埋在柔软的沙子里，总之，沙滩带给人许多美妙的享受！

其实，海滩是由松散的泥沙或砾石堆积而成的平缓地面，一般分布在平均低潮线以上，而向上则延伸到了地形变化极大的地带，也就是所谓的高潮线位置。

那么，美妙的沙滩到底是怎么来的呢？其实，它是波浪以及波浪产生的沿岸水流共同作用的产物。当远处深海的波浪涌至浅海区时，会把海中的泥沙也冲到岸上来，并且波浪冲击岸边的速度要大于回流的速度，这就使得海水中的泥沙渐渐在岸边堆积，久而久之就形成了沙滩。

智慧大本营 🐟

你知道我国的第一长滩吗？它位于我国的广东省湛江市东海岛东部，面向南太平洋，整个沙滩长达28千米，宽度随潮位涨落在100~300米，整个海湾呈新月形，非常美丽。

大海里的岛屿是怎么来的？

在一望无际的海洋中，岛屿多得数都数不清，它们是怎样形成的呢？其实，这些岛屿的形成原因有很多，大概分为以下几种。

一些岛屿原本是大陆的一部分，由于发生地壳运动，使得这些岛屿与原来的大陆之间产生了断裂和沉陷，进而形成了岛屿，如我国的海南岛等。

还有一些岛屿则是因为陆地的边缘长期被海水侵蚀，原有的一些裂缝被逐渐撑开，与大陆分离，进而形成了岛屿。

一些大陆的边缘低凹部分被海洋淹没，而那些地势较高的高地、山峰就变成了岛屿。

除此之外，大江大河入海口处常会因大量泥沙沉积形成冲积岛，海底火山喷发出的熔岩和碎屑物质在海底沉积也会慢慢形成岛屿，而珊瑚虫分泌物的不断堆积也会形成岛屿。

世界上有哪些独特的岛屿？

世界上很多独特的岛屿，例如马尔代夫群岛，它位于印度洋，由1200多个小珊瑚岛组成，是世界著名旅游胜地，享有"最美丽的珊瑚小岛"之称。不过，有些岛屿的面积非常小，一般步行20分钟便能绕岛一圈。夏威夷群岛是地球上非常热的地方，那里有130多个火山岛，它们像一条线，有几万米长。加拿大有一个小岛叫世百尔岛。几百年来，岛上的流沙吞噬了数百艘船，被称作死神岛。我国大连有一座蛇岛，在大约1平方千米的小岛上，竟然生活了上万条有毒的蝮蛇。冰岛是靠近北极圈的岛国，听名字就感觉冷冰冰的，可它却拥有极为丰富的地热资源，是世界上温泉最多的地方，被称为冰火之国。

为什么大多数河流都流向了大海？

为什么大多数河流最终都流向了大海呢？这和地势是有很大关系的。我们都知道，地球是一个不折不扣的"水球"，包含大量的水，我们居住的陆地就像漂浮在海洋上的巨船一样。陆地的地势要比海洋高，而水是往低处流的，这就使得大多数河流最终都流向了大海。以我国来说，我国的河流大多是自西向东地流入大海中，这是因为我国西部有很多高原、山地，海拔非常高，而越往东地势就越低，水也就自然而然地自西向东流，并最终流入大海中了。我国的两条大河——长江和黄河就是最好的例子。

海里为什么会有石油呢？

石油资源是人类最重要的资源之一，对人类社会的发展起着至关重要的作用。在陆地上有很多的油田，石油工人每天都在开采。可是小朋友们知道吗？在广阔的海洋里也蕴藏着大量的石油呢！

海里有石油，这是怎么回事呢？原来，在很久很久以前，浅海地区的海洋生物死去后，它们的身体和泥沙就会一起沉淀到海底，形成了一种"有机淤泥"。久而久之，这些淤泥越积越多、越陷越深，进而受到地层深处的温度与压力等的影响，这些淤泥里的海洋生物遗骸就慢慢变成了石油资源。

海洋中也有山脉和峡谷吗？

海洋一望无际，看上去十分平坦，但事实上，它不但有着和陆地上一样丰富的地形，而且更加壮观。

科学家们认为，地球上的岩石圈，是由板块构成的。板块的扩张、碰撞活动，造就了各种各样的地形。例如，海洋板块扩张会在扩张中心形成凸起的洋脊，太平洋、大西洋、印度洋都有洋脊，这些洋脊在南半球连接在一起，比陆地上任何山脉都要长。如果海洋板块与大陆板块相撞，因为海洋板块的岩石密度较大，会俯冲到大陆板块下面，大陆板块的边缘被抬起，形成海底山脉或者岛链（一串弧形的岛屿），而在海洋板块边缘就会形成海沟，例如马里亚纳群岛和马里亚纳海沟。除此之外，海底的岩石也会受到河流冲击、浊流侵蚀等因素的影响，会形成和陆地一样的峡谷，就是海底峡谷。

海底不但有山脉、峡谷，也有海底盆地、海底平原、深海丘陵等地形，一点都不像它表面看上去那么平坦呢。

智慧大本营

马里亚纳海沟是世界上最深的海沟，深度约11000米，即便是把陆地上最高的山峰珠穆朗玛峰放到海平面下，也根本触不到它的底呢。

为什么说墨西哥湾像一个巨大的"暖气管"？

不知道小朋友们有没有听过这样一种说法：墨西哥湾像是一个巨大的"暖气管"，这是怎么回事呢？原来，在墨西哥湾有一股世界上最大的暖流，海水从温度高的地方朝着温度低的地方流动，它的流量相当于全世界河流流量总和的120倍，这让墨西哥湾水域的温度非常高，就像"暖气管"一样提供着巨大的热量。

墨西哥湾暖流不但让海域温度非常高，其中一部分暖流还北上形成北大西洋暖流，使北美洲和西欧的气候温暖如春。由此可见，墨西哥湾还真像是一条巨大的"暖气管"呢！

智慧大本营

墨西哥湾地区高温多雨，最高温出现在8月份，气温达到28℃以上；最低温出现在2月份，但是气温仍然较高，北部约12℃，南部达22℃。该地降水量非常大，年平均达1500毫米左右。这种气候的形成就有墨西哥湾暖流的功劳。

海边为什么
冬暖夏凉呢?

夏天来了，天气变得越来越热，太阳一烤就会让我们满头大汗。此时，找一个凉快的地方躲避炎热是每个人都希望的。到了冬天，天气又变得非常寒冷，冻得我们浑身哆嗦，此时每个人都希望气温不要这么低，天气不要这么冷。要找一个冬暖夏凉的地方，其实海边就是一个非常不错的选择。

有的小朋友肯定不明白，同样都是被太阳照着，为什么海边就很凉快呢？同样是冬天，为什么海边就没有内陆那样寒冷呢？

其实，这是水吸收热量能力强的缘故。当夏天来临时，海水会吸收大量的热量，使得海洋附近的陆地气温并不是很高。当冬天时，空气温度较低，而海水的温度相对较高，此时，海水就会释放出一定的热量，使得海洋附近的陆地温度增高。这就是海边冬暖夏凉的原因。

智慧大本营

古时候没有空调，没有冷饮，在炎炎夏日，普通老百姓只能用扇子降温，而富贵人家和皇宫里，会存放昂贵的冰块降温，还会将水洒在屋顶做"水帘"来增加凉爽感，可谓是煞费苦心啊！

黑海为什么是黑色的？

黑海

在亚欧大陆上有一片很神奇的海域，它不同于我们印象中的蔚蓝色的海洋，它是黑色的，这片神奇的海域就是大名鼎鼎的黑海。

黑海是一个内海，面积有42.2万平方千米，最深也不过2000米，而就是这样一小片海域却十分与众不同，它的海水看上去是深黑色的，十分奇怪。这是怎么回事呢？科学家们对此也十分好奇，经过调查和推断，得出了结论：原来，在黑海气候多变，受极地冷空气影响，冬季盛行东北风，夏季受来自地中海热带气流的作用，经常出现阴雨天气。这使得黑海总是被昏暗的天色笼罩着，呈现出深黑色，因此得名。

不仅如此，在黑海地区，每年会有600~800毫米的降水量，加上欧洲的一些较大河流注入，淡水量极大。这些淡水量总和远多于海面蒸发量，淡化了表层海水的含盐量。一般情况下，黑海的表层盐度较小，在上下水层间形成密度飞跃层，严重阻止了上下水层的交换，使深层海水严重缺氧，进而使海水产生分解，形成黑色的硫化氢等物质，致使深层海水呈现黑色。

智慧大本营

其实，除了自然原因，黑海变黑还与人类社会的发展有关系。环保专家指出，自从20世纪90年代以来，全世界的工业化得到快速发展，据统计，欧洲地区17个国家13座工业大城市的工业废水、及1.6亿人口的生活污水，全都流入了黑海。当时，黑海每立方千米海水中可捞获2万千克的废弃物，使黑海成为名副其实的"黑"海。如果有一天，人类把这些最大的污染源处理干净了，那么除掉黑海之"黑"的目标应该可以实现。

赤潮

海洋为什么会变成红色？

海洋之所以变成红色，是因为发生了赤潮现象。当海洋水温在25℃左右时，海洋中的藻类就会快速繁殖并且聚集，而当海洋风平浪静时，海水的波动很小，这使得海藻不容易被冲散，而是聚集在一起。聚集在海面上的这些藻类多呈现红色，覆盖了海平面，远远看去海水就像是变成了红色的一样，也就形成了赤潮。

为什么有些海底区域会烟雾缭绕？

当爬到山顶时，放眼四望，我们总会看到云雾缭绕的景象，就像仙境一般。但是小朋友们听说过吗，有些海底区域也会有烟雾缭绕的景象呢！

海底的烟雾可不是因为着火了，事实上它是从海底的大裂口喷射出来的。这些裂口喷出滚烫的热水，其中还包含有多种物质，如铁、锰、钙、铜、锌和硫化物等。这看上去就像海底在冒烟一样，出现了烟雾缭绕的景象。喷射出的矿物质使一些裂口呈现为黑色，而有些则呈现为白色。这些矿物质在裂口周围沉淀下来后，就会形成高达几十米的烟道。怎么样，这是不是很有意思呢？

15

海水也像江水
一样流动吗?

古词说"滚滚长江东逝水",小朋友们也都知道江水是一直流动着的,那么海水也会像江水一样流动吗?

事实上,海水也是流动的,只不过它的流动方式与江水不太一样。我们都知道水往低处流,以我们国家的长江为例,其从青藏高原流下,一直流入海洋,就是由于地势越来越低的缘故。

对于海洋来说,其流动却不是因为地势的高低不平,海水的流动有很多方面的原因。比如,受到海风的驱动,海水就形成了风生海流。风生海流的速度一般在海洋表层最大。

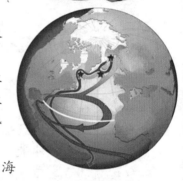

大西洋水流示意

除了海风的驱动之外,不同海域之间海水密度不同也会形成海流,这种海流被人们称为密度流。

此外,海水还有暖流和寒流之分。在海洋中会出现不同海域水温不同的情况,而海水从水温高处向水温低处流动就形成了暖流,反之叫寒流。

智慧大本营

大西洋是世界第二大洋,它呈巨大的"S"形,连接着地球最北面和最南面的两个大洋。大西洋并不深,也不是很长,但它却拥有极为丰富的渔业资源,也是人类早期进行航海研究的海洋之一。

为什么在海边
白天和晚间风向不同？

在海边，有一个很有趣的现象，那就是海边的风向白天和晚间是不同的。

其实道理很简单，陆地和海洋吸收热量的能力不同，陆地吸热的能力比较差，因此温度改变比海洋快。白天的时候，陆地升温较快，地表的温度比海洋高，气压也相应变低。海洋则相反，此时海面比陆地温度低，气压也相对较高。这就形成了气压差，而风就会从气压较高的海洋吹向气压较低的陆地。所以，白天风是从海边吹向陆地的。

同样的道理，夜间的时候，陆地散热比海洋快，此时陆地上比海洋要冷，气压也会相应变大，海洋温度相对较高，且气压较低，此时风就会从气压相对高些的陆地吹向海洋了，这就出现了海边白天和晚间风向不同的有趣现象。

海里也有火山吗?

隐藏在海底的火山

什么？海里都是水，也会有火山吗？

是的，你没有听错，海里确实有火山，而且还非常多呢。

我们之前讲到的洋脊就是海洋板块"生长"的源头，岩浆从洋脊中喷出，遇到海水后迅速冷凝，形成火山岩，这也是洋底岩石的主体。在大洋板块俯冲向陆地板块的边界处，也分布着很多火山。由于受到板块的挤压，熔岩会从板块之间的缝隙中喷发出来。还有一些板块内部岩石薄弱的地方，也会因为岩浆喷发而形成火山。只不过这些火山都被藏在海水下面，我们看不到罢了。而那些偶然露出海面的火山，就是火山岛。

海洋中有些岛屿为什么时隐时现?

在海中有很多的岛屿，这些岛屿千奇百怪、有大有小。在这些大大小小的岛屿中，有些岛屿非常奇特，它们会"隐身术"，总是时隐时现的。接下来，我们就一起来看看这种神奇的岛屿的成因吧。

其实，这些岛屿时隐时现并不是它们将自己隐藏起来了，而是受到了海洋的影响，被短暂地摧毁了。这些时不时就消失的岛屿大多是火山喷发形成的。当火山喷发时会喷出大量的碎屑物质和熔岩，这些物质不停地堆积，最终高出海面，进而形成了岛屿。

这些岛屿抗冲击的能力较差，当强大的海浪对其进行冲击与侵蚀时，岛屿就会遭受很大的破坏。而火山暂时停止活动后，构成的新岛屿就无法及时地得到物质补充。这样一来，海浪就会逐渐把岛屿摧毁掉，岛屿也就消失了。而过了一段时间，火山又开始活动起来，此时大量的碎屑物质和熔岩又喷出并堆积起来，这样岛屿就再一次出现了。

海底为什么会有热泉？

小朋友们都知道海洋是非常深的，海底因此无法获取阳光而总是漆黑一片，什么都看不见。同时，海底的温度也非常低。但是，令人惊讶的是，在这又黑又冷的海底竟然存在着热泉。这些热泉大多分布在太平洋和大西洋的海岭附近，平均的深度为海平面以下2100米。

海底之所以会有热泉，是因为在海底地壳的运动是一直持续着的，地壳的碰撞形成了海底的山脉，当这些山脉分离后就产生了海底裂隙。海水会从这些开口处渗入地壳，进而被地壳内的岩浆烧成开水。接着这些温度极高的海水开始回流，从地壳的小缝隙里喷涌而出，从而形成了海底热泉。

智慧大本营

在洋中脊里的大裂谷地区，往往分布有非常多的热泉，这些热泉温度极高，深处高达300℃左右。特别是在大西洋的洋中脊裂谷底地区，其分布的热泉温度更是高达400℃。

海底的压力有多大?

　　人类生活在地面上，身体被空气包裹，承受着大气压，但是由于人类早就习惯了这种大气压，所以并没有什么特殊的感觉。而当我们潜水的时候，就能明显感觉到水从四面八方向身体施加压力。随着水深增加，周围的水压也会逐渐变大。

　　人们习惯拿我们熟悉的大气压与水压相比。在水下，水深每增加10米，就会增加1个大气压。而海水里面存在盐分，它的密度比淡水要大一些，所以海水的水压比淡水还要稍微大一些。在海底最深处，马里亚纳海沟的深度有大约11000米，那里的水压接近1100个大气压，可以想象一下，大约一个指甲盖大小的地方，要承受一辆小汽车的重量。我们人类是万万承受不住的，而在那里，竟然还能发现生物的存在。另外，在8300多米的海洋深处，潜水器拍到了鱼类自由自在地游动，让人不得不感叹生命的顽强。

智慧大本营

　　目前，人类在无装备的条件下，潜水的极限是145米，在有装备的条件下，潜水的极限是332米。与海洋生物相比，人类身体承受水压能力真的是逊色太多了呢。

什么是海啸？

海啸，是一种由海底地震、火山爆发或海上风暴引发的海水剧烈波动。

海浪是以波的形式传播的。海啸发生后，震荡波从海啸发生的中心出发，以同心圆的形式向四周传播。如果没有遇到阻拦，可以到达很远的地方。海啸产生的波浪传播速度很快，可以达到每小时几百甚至上千千米，且在传播的过程中能量损失很小。随着传播距离变长，海啸产生的海浪高度会逐渐变大，最终形成巨浪，冲击海岸。

海浪有波峰和波谷，当海啸抵达岸边时，如果赶上波谷，就会出现海水迅速且异常的退潮现象。假如这个时候人们好奇去海滩上捡拾贝壳或者鱼虾等，那可就糟糕了，因为波峰很快就会到来。人在没有保护的情况下，是无法抵御高速海浪带来的冲击的。

现在，沿海地区都有海啸预警，如果遇到海啸，一定要尽快远离岸边，及时进入坚固的建筑物高层进行躲避。

巨浪是怎么形成的呢？

在茫茫的大海上，总会出现一些巨浪，这些巨浪力大无比，能够轻松掀翻一艘巨大的轮船，非常可怕。

这些可怕的巨浪是怎么形成的呢？原来，这是海面在起伏运动中形成的一种传播现象。当海浪向一定方向波动时会产生动能，同时海浪在不断起伏过程中还会产生势能。当这两种能量组合在一起，其威力是非常巨大的，形成的海浪高达几十米，这就是我们通常所说的巨浪。

为什么海水有涨潮与落潮？

站在海边时，我们总会发现一个奇怪的现象：有的时候海水会涨得很高，形成涨潮，而过了一段时间之后，海水就又退回去了。为什么海水会涨潮和落潮呢？

月球地貌

答案有点让人难以置信——这是月亮和太阳的功劳。月亮、太阳离我们这么远，它们有这么大力量吗？当然喽！事实上，海水在流动时会受到月亮和太阳的引力控制，此时海平面就会出现不一样高的情况，高的地方就会形成海潮了。

海啸的破坏力有多大？

海啸是一种非常可怕的海洋灾难，破坏力非常大。

海啸在海洋深处传播的时候，海浪的高度并不会升高很多，但当它接近陆地时，由于能量受到了挤压，海浪高度陡增，会形成一道水墙，其高度可以达到十几米甚至几十米。小朋友们可以想象一下，一道好几层楼高的水墙俯冲向地面，会有多么大的威力。

海啸会在短时间内吞噬岸边的一切，折断树木，冲毁低处的房屋，摧毁农田……2004年，地震引发了印度尼西亚海啸，造成了将近30万人遇难，是21世纪最严重的海啸灾难。

巨大的海啸可以将一座繁华的城市瞬间摧毁

22

为什么海洋怎么也灌不满？

小朋友们有没有注意到，当雨下得非常大时，河水就会暴涨，有时候还会冲垮堤坝形成洪水灾害。然而，每年、每天、每分钟都会有非常多的河流将水源源不断地输入海洋中。此外，还有很多的降水落至海洋中，但是海洋却怎么也灌不满，这是为什么呢？

原来，海洋既有"收入"也有"支出"，虽然每天都有数量庞大的水源输入海洋中，但同时海洋里的水也在源源不断地进行着蒸发，以水汽的形式被气流从海洋上空带到了陆地上空形成了云。这些带水汽云在陆地上空遇冷，最终都变成了雨雪降到了地面上，而这些水又汇至河流中，最终又流入海洋中。就这样不断循环往复，海洋自然也就无法被灌满啦！

为什么海底是漆黑的？

小朋友们都知道海洋是非常美丽的，蔚蓝色的风景让人心旷神怡。但是，小朋友们知道吗，海底可不是蓝色的，事实上，海底是一片黑漆漆的世界。

一定有小朋友非常不解："为什么海洋是蓝色的，海底却是黑色的呢？"这是因为光线被海水吸收掉的缘故。一般情况下，在水下5米左右的地方，阳光中的红色光就会被吸收。而蓝色光没有红色光那么容易被吸收，这使得蓝色光可以进入海洋深处，所以我们看到的海洋是蓝色的。

然而，无论是什么样的光线，都没有能力照射进超过水下60米的深处。也正因为如此，海底常年都是一片漆黑的。有些生活在海底的生物，为了适应这种恶劣的环境，还进化出了闪烁的发光器。同它们比起来，我们还真是幸福呢！

海水为什么不会把喷涌的海底火山扑灭？

在海底，分布着数量众多的海底火山。这些火山每隔一段时间就会喷涌出很多的岩浆。这些岩浆会不断堆积，甚至可以形成一座座陡峭的海底山脉。问题出来了，我们都知道海水的温度相对较低，特别是海底。那为什么冰冷的海水无法将喷涌的海底火山扑灭呢？

事实上，火山活动是地球内部巨大压力的一种释放，当海底火山喷发时，周围海水的温度就会升到非常高的程度，即使海底温度非常低，也是无法将其扑灭的。而在平时，那些火山中的岩浆与海水之间隔着厚厚的地层，自然也就不会被海水扑灭了。

智慧大本营 🐟

小朋友们知道吗，虽然海底火山附近的温度非常高，但是这里仍然生存着非常多的生物呢！一定有很多小朋友不相信吧，可这确实是真的。在海底火山口附近生存着很多的不喜欢氧气并非常耐热的细菌。这真是世界之大无奇不有啊！

为什么海岸线曲曲折折的？

海岸线之所以曲曲折折的，是因为受到了外力的影响。海岸无时无刻不在受到海浪和其他外力（流水和风力等）的侵蚀。而这些侵蚀并不是均衡的，有的海岸受侵蚀的程度高，而有的海岸受侵蚀的程度低，这就造成了海岸曲曲折折的现象。像世界上海岸线最曲折的大洲——欧洲，其曲折的海岸线就是受到了冰川和海浪以及其他外力的侵蚀才形成的。

为什么海滩上有很多细沙？

很多小朋友都非常喜欢去海边玩，光着小脚丫踩在柔软的沙滩上，脚下的细沙软绵绵的，让小脚丫非常舒服。海滩上的沙子之所以那么细，是由于海水在潮起潮落时，带动海沙与海水之间不断冲刷和摩擦而形成的。

我们都知道海水是一直运动着的，而且会不停地冲击海岸，海岸边的岩石因为海水的冲刷而逐渐变成了小颗粒。与此同时，由于受到了海水潮汐运动的影响，海水中的沙子被留在了海岸边，进而形成了含有极细沙子的沙滩。值得一提的是，并不是所有的海边都有沙滩，如果海岸边的岩石成分与所处的地形都无法满足形成沙滩的条件，沙滩也就不会形成了。

沙滩为什么是金色的?

走在海滩上时，金色的沙滩一望无际，小朋友们可能会觉得好奇，为什么沙滩是金色的呢? 这和构成沙滩的沉积物有关。

这些沙滩沉积物主要是河流携运来的沉积物、沿岸被海水侵蚀分解后的物质和来自海底的泥沙等。这些物质的主要成分是石英石、长石和方解石。一般情况下，石英石的化学性质稳定，很难发生化学反应。而长石和方解石比较容易发生化学反应。经过海水的侵蚀与分解后，沙滩沉积物中留下的绝大部分都是石英石了。石英石的颜色主要有乳白色和淡黄色，当这些石英石掺杂在一起的时候，我们也就看到了金色的沙滩了!

长石

方解石

石英石

为什么海滩上会有贝壳?

来到海滩上，每个小朋友们都会被美丽的贝壳所吸引，捡到美丽的贝壳时会异常兴奋、爱不释手。那么，为什么海滩上会有贝壳呢? 这些美丽的小家伙们是从哪里来的呢?

其实，贝壳是生活在大海中的贝类动物留下的。这些贝类动物为了保护自己而分泌出了可以保护身体柔软部分的钙化物，也就是我们所说的贝壳。当贝类死亡后，这些贝壳就会受到海浪的冲击，最后被带到海滩上来了。

智慧大本营

贝壳的主要成分是碳酸钙和少量的甲壳素。一般情况下，贝壳分为3层，最外层为黑褐色的角质层，很薄很透明；中间一层为较厚的棱柱层；内层为珍珠层，看上去非常美丽。

海浪可以
用来发电吗?

　　海浪的威力是非常大的，海中的巨浪能够非常轻易地掀翻轮船。科学家们在看到了海浪的巨大力量后突发奇想，能不能利用海浪来发电呢？为此，科学家们想出了一个非常巧妙的办法，他们在海面上铺设了一块块漂浮装置，让这些装置随着海浪而上下浮动，通过利用上下浮动运动产生的能量来带动发电机运动，进而实现发电的目的。

　　经过进一步的研究，人们又做到了利用潮汐发电。人们通过蓄水库，在涨潮时将海水储存在水库内，以势能的形式保存。当海水落潮时，再将水库中的水放出，这样就会形成一个高、低潮位的落差，进而推动水轮机旋转，带动发电机发电。

　　在英国的苏格兰东北角，有一片被称作奥克尼群岛的地方。这里风急浪高、波涛汹涌，是让海员们谈海色变的地方。然而正是在那里，2003年10月，世界上第一个海浪发电试验基地问世了。海浪发电成本低、无污染，还节约能源，现在许多国家都在积极研究和建设海浪发电厂。

海浪发电厂

夏天的大海为什么会很"凉"？

夏天到了，气温开始增高，天气就会变得十分炎热！此时，如果来到海边，你就会觉得非常清凉。当你泡在大海中时，你会感到无比凉爽。在享受清凉的时候，你有没有想过，为什么在炎热的夏天大海却很"凉"呢？

其实道理很简单，水的吸热能力比较强，要想升温，就要吸收大量的热量。当气温升高时，海水的温度上升得较慢，而陆地升温却极快，这就造成了海水温度相对陆地温度低，当你在海水中时自然就觉得凉爽无比啦！

海水为什么不容易结冰？

冬天来了，气温变得非常低，小朋友们走在外面一定感到非常寒冷吧。此时，你们会发现，河里的水都已经结上了冰。然而，如果小朋友们有机会在冬天来到海边的话，你们会发现海水并没有像河水一样结成厚厚的冰，而是仍然在肆意地流动。

为什么海水不容易结冰呢？通常情况下，普通的水到零度就会结冰，而含有杂质的水要想结冰就更困难一些。对于海洋来说，海水含有大量的杂质。因此，海水到了零度时是不会结冰的。当温度更低的时候，部分海水才会凝结起来。

大海里真的有美人鱼吗?

在童话故事中有一种叫作美人鱼的动物，它们有着美丽的容颜，人身鱼尾，非常惹人喜爱。然而，在现实生活中果真有美人鱼存在吗?

这个问题吸引了很多人，但人们还是没有一个确定的结论。很多人都认为美人鱼是存在的，但它们并不像童话故事中说的那样美丽动人。它们其实是生活在海里的一种海兽，也就是人们通常所说的儒艮，是一种海洋哺乳动物。事实上，儒艮可没有美人鱼那样婀娜多姿，它们甚至长了一脸的大胡子，看上去根本与美无关。看来，美人鱼的美好形象我们是无法看到了!

智慧大本营

为什么儒艮这种相貌奇特的动物会被人们认为是美人鱼呢?原来，儒艮在海上垂直竖起时，远远看去，像极了传说中的美人鱼。还有，当儒艮妈妈在哺育小儒艮时，常常用一对鳍将小儒艮抱在胸前，它们会将自己的上身浮出水面，半躺着喂奶，形态非常像我们人类，而这一点也与传说中的美人鱼非常相似。因此，人们也就认为儒艮是美人鱼了。

如果我是真正的美人鱼，那她是谁?

海洋动物会变性吗？

学校里的同学们不是男孩就是女孩。但是，据说在神秘的海洋世界中有一些非常神秘的动物，它们竟然可以变性，这是真的吗？

这的确是真的。在海洋世界中真的有这么奇特的动物，并且不止一种。以生活在红海中的一种叫作红鲷鱼的鱼类为例，这种鱼类由二十多条鱼一起组成一个一夫多妻制家庭。在这个家庭当中，雄性红鲷鱼地位可是非常高的呢，它不仅要保护自己的家庭安全，更要维持家庭和谐，阻止家庭中的某条雌性红鲷鱼逞强，否则，这条逞强的雌性鱼就有可能变成雄性鱼。

不仅如此，当雄性红鲷鱼死亡或者失踪时，家庭内最强壮的雌性红鲷鱼就会变性成雄性红鲷鱼，取代它的位置，统治这个家庭。更有趣的是，如果这条变为雄性红鲷鱼的雌鱼也消失的话，就会有另一条雌鱼变为雄鱼。怎么样，听上去是不是很有趣呀？

海洋生物也像候鸟一样迁徙吗？

秋天到了，大雁之类的候鸟就会往南飞行，以躲避北方寒冷的天气，这就是我们平时所说的候鸟迁徙。

其实，海洋中的很多鱼类都有迁徙的现象，它们由于受到季节、繁殖和寻食等因素的影响，会定期做一定方向的周期性迁移，通常包括生殖洄游、索饵洄游以及越冬洄游等迁徙活动。值得一提的是，很多海洋生物面临着越来越大的生存压力，它们为了避免遭受灭绝的危险不得不大规模迁徙到更远的海域。

海洋食物链是
什么样的?

在自然界存在着一个无形的规则，这种规则被称为食物链。比如在非洲大草原中，凶猛的狮子以斑马、羚羊等动物为食，斑马、羚羊等动物则以植物为食。当然，在海洋中同样也有食物链，那么，海洋生物的食物链是什么样的呢?

海洋动物的食物链也跟陆地动物差不多。我们平时总是说，大鱼吃小鱼，小鱼吃虾米，虾米吃土泥，其实这就是海洋食物链的生动写照。

在海洋中，各种生物种群的食物关系呈现出金字塔的形式。处于金字塔最底部的是海洋中的各种微生物和海藻。往上一层则是一些微小的海洋食草类动物。再上一层，则是以微小的海洋食草类动物为食的鱼类。处于食物链终端的自然是那些凶猛的"海洋杀手"了，像鲨鱼、海兽等。

智慧大本营

其实，食物链又称为"营养链"，它是指生态系统中各种生物通过食物联系起来所形成的链锁关系，比如说藻类是水蚤的食物，水蚤又是鱼类的食物，而鱼类又是海兽和一些水鸟的食物。这就形成了藻类—水蚤—鱼类—海兽或水鸟这样一条食物链。

贝类有大脑吗？

来到海边，很多小朋友都会蹦蹦跳跳、走来走去，眼睛使劲盯着脚下，寻找那些美丽的贝壳。这些贝壳颜色非常鲜艳，十分好看。在这些贝壳内部，有一团肉肉的东西，它们在慢慢地蠕动着。一定会有小朋友感到好奇："这些贝类有没有大脑呢？"

贝类也是海洋中的动物，它们自然也是有大脑的。那么，它们的大脑长在哪里呢？为什么我们看不到呢？其实贝类的大脑长在了它们的触角和眼睛下面，很小，我们当然看不见了。虽然听上去非常奇怪，但是不可否认，贝类是有大脑的哦！

为什么从海螺壳里能听得到海浪声？

海螺是一种非常神奇的海洋生物，据说它可以传达海洋的声音呢！当你捡到一个海螺，把它放在耳边，就会听到海潮的声音，好像大海在和你通电话一样。

难道海螺真的是大海传递声音的使者吗？其实，我们之所以能在海螺中听到海潮声，是因为海螺壳里面的形状是弯曲的，里面贮满了空气。由于海边潮水声音很大、很嘈杂，使得海螺壳里的空气产生了振动，因此当你把海螺壳贴在耳边就会听到海潮的声音。如果你在一个非常安静的房间里，这时候再把海螺壳贴在耳边就不会听到大海般的声音了。

还有人认为，海螺壳的螺旋结构可以使它依靠共振放大环境中某些特定频率的声音，比如人体血液流动的声音，所以当我们把贝壳放在耳边时，我们听到的大多是来自自己内心深处血液沸腾的声音。当你在海边时，耳边海潮的声音被海螺壳放大，你自然就听到海水的声音了。

海螺壳让我听到了大海的声音！

贝类长期闭着壳不会被饿死吗?

贝类总是躲在它们那厚厚的、包裹得严严实实的壳内,以此来躲避外界的危险。但是,在这种封闭的环境中,贝类难道不会饿吗?

不用担心,其实在贝壳的后端边缘位置有两个上下并列的小孔——入水孔和出水孔,这两个小孔是由外套膜后端的边缘愈合而成的。水会不断地通过入水孔流入贝壳的内部,而水中含有很多贝类的食物,如微小的浮游生物或有机物的碎屑等。此时,贝类就可以美美地吃上一顿,然后经胃肠消化和吸收,残渣由肛门排出,又随着水流从出水孔排到体外。也正是因为存在这样一条给养通道,贝类才可以长期地闭着壳而不会被饿死。

为什么贝壳里能长出珍珠来?

珍珠是非常贵重的东西,受到了很多人的喜爱。你知道光彩夺目的珍珠是怎么形成的吗?

美丽的珍珠竟然是在贝壳里产生的。当贝类张开自己的壳时,总是会吸进一些沙粒或寄生虫等物质。贝类无法将它们排出体外,身体会又痛又痒,此时贝类外套膜的上皮组织就会分泌出一种珍珠质将这些物质包围起来,形成了一个珍珠囊。就这样,包了一层又一层,时间一长,沙粒等异物外面就被包上了一层厚厚的珍珠质。这颗圆球状的珍珠质就是我们平时所说的珍珠了。

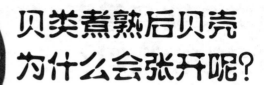

贝类煮熟后贝壳为什么会张开呢?

贝类的壳非常坚硬,闭合后很难将其打开,这让它们躲避了很多敌人的攻击。但是当把贝类煮熟后,它们的壳就会张开了。

这种现象与贝壳的结构有关。贝类关闭自己的壳靠的是两块圆柱状的闭壳肌(又称肉柱)。当闭壳肌放松时,就会被拉长,也就无法拉拽着两扇贝壳关闭了。当贝类被煮熟后,它们的闭壳肌就失去了收缩的功能,所以贝壳就张开了。

对虾都是雌雄成对的吗?

在海洋中生活着一种虾,是虾类中很特别的一种,这就是我们通常所说的对虾。

对虾学名东方对虾,又称中国对虾、斑节虾,是个体较大的虾类。一般情况下,雌性成年对虾体长在16~22厘米之间,重为50~80克,最大的对虾长达30厘米,重250克。

有的小朋友不禁要问了:"既然叫对虾,它们是不是经常雌雄相伴呢?"其实不是这样的,对虾并不喜欢雌雄相伴,相反地,对虾雌雄之间平日甚至很少往来,就连在大海中洄游时,也总是雌虾在前开路,雄虾紧跟在后,从不杂群。

"对虾"名字的由来其实是因为对虾个头比较大,在历史上渔民总是将这种虾一对一对地卖,"对虾"也就因此而得名了。

智慧大本营

养殖对虾非常不容易。它们以"娇"出名,喜温怕冷,一旦水温太低,它们就会死去,如果水温太高,又会吃不消。对虾从幼虾到成虾,一般要蜕24次皮,每蜕1次皮,虾就长大一点。

虾煮熟后为什么
会变成红色?

　　很多小朋友都喜欢吃虾,煮熟后的虾颜色泛红,十分诱人,让人不免生出了很多的口水。然而,活虾的外壳并不是红色的。那么,小朋友们知道虾煮熟后为什么会变红吗?

　　其实这与虾在加热的过程中体内发生的化学变化有关。原来,在虾的外壳内存在着一种色素蛋白质,这种色素蛋白质会在受热的时候发生变化,那些本来是与蛋白质相结合的色素就会被释放出来,使煮熟的虾呈现出了红色。

智慧大本营

　　虾的营养价值是非常高的,吃虾能够提高人体的免疫力,能够提供给大脑非常多的营养。海虾含有三种非常重要的脂肪酸,能使人长时间保持精力集中。所以,小朋友们可以多吃一点虾哦!

虾为什么总是弓着身子？

熟悉虾的小朋友都知道，虾总是弓着身子，非常古怪。那么你知道这是为什么吗？

虾属于甲壳类节肢动物，它的腹部能够拉长。可以说，虾是海洋中非常弱小的动物，它每天都要面对很多的敌人。为了保护自己，虾总是弓着身子，一用力就可以弹跳出很远的距离，进而摆脱敌人的攻击。虾只有使用这种办法才能逃离危机。为了生存，虾就需要每时每刻都弓着身子走路，还真是不容易呢！

磷虾为什么被称为南半球海洋生态系统的一把钥匙？

磷虾是一种非常奇特的虾类，它们生活在寒冷的南半球的海洋中。别看它们个头不大，它们可是非常重要的呢！毫不夸张地说，没有了磷虾，南半球的海洋生态系统就会遭到破坏。

磷虾是整个南半球海洋生态系统中大型动物赖以生存的基础。据研究，南半球海洋中的磷虾量高达6.5亿～10亿吨。磷虾幼体以硅藻为食，它们有效控制了硅藻的数量。与此同时，磷虾还是南极鲸类、海豹以及企鹅、海鸟等动物的食物。没有了磷虾，这些动物就无法生存下去。

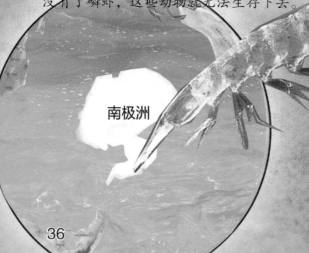

南极洲

龙虾为什么要蜕皮?

龙虾蜕皮后

龙虾又名大虾、龙头虾，主要分布于热带海域。龙虾比一般的虾类个头大，是虾类中最大的一类。它们的体长一般在20~40厘米，体重通常在0.5千克左右，不过

龙虾蜕皮前

最重的也能达到5千克以上。据报道，世界上最大的龙虾有1米多长，是不是非常恐怖?

这种恐怖的家伙身体的增长与体态的改变都是需要经过蜕皮才能完成的。而龙虾的这种蜕皮过程并不仅仅是身体的外部变化，实际上它可是十分复杂的生理作用。可以说，龙虾的蜕皮行为贯穿于整个生命活动过程，对其生命的发展起着重要作用。一生蜕皮次数越多的虾，个头也就越大。

龙虾为什么不怕受伤呢?

龙虾非常好斗，你知道为什么吗? 其实，除了它们好斗的天性外，身上一层坚硬的铠甲也是它们好斗的资本。

在外壳的保护下，龙虾可以很好地抵御外部的击打。幼年的龙虾虽然没有坚硬的外壳，却有极强的再生能力。每一次打完架后，幼虾的身上就会伤痕累累的。但是不必为它们担心，损失的部分能在第2次蜕皮时再生一部分，几次蜕皮后就会恢复。身体素质如此强健，也难怪龙虾好斗了!

智慧大本营

龙虾非常好吃，但是你知道它们喜欢吃什么吗? 其实，龙虾的食谱非常广泛，是一种杂食性的动物。刚孵化出来的龙虾以自己身体里的卵黄为食物，等稍微长大后就会摄食轮虫等小浮游动物，随着身体越长越大，食物也变成了较大的浮游动物、底栖动物和植物碎屑等，而完全长大的龙虾既吃动物，也吃植物，比如水草、底栖动物、贝类、鱼虾尸体及同类尸体等。

牡蛎为什么被称为"海洋牛奶"？

小朋友们爱喝牛奶吗？牛奶可是非常有营养的哦！值得一提的是，在海洋中，有一种动物被人们称为"海洋牛奶"。这种动物就是牡蛎。

为什么人们称牡蛎为"海洋牛奶"呢，是不是牡蛎的营养价值很高？没错，牡蛎除了肉质鲜美好吃外，它的营养价值非常高。比如牡蛎中含有丰富的磷，可满足成人1天的需求量，并可以帮助我们有效吸收钙物质。牡蛎也是一种很好的补锌食品。

不仅如此，牡蛎还含有丰富的糖原物质，对增强肝功能非常有帮助。而牡蛎体内的蛋白质含有谷氨酸、氨基乙磺酸、半胱氨酸等氨基酸，这些氨基酸具有解毒作用，可除去体内的有毒物质，并能够有效降低血胆固醇浓度，因此可以预防动脉硬化。由此可见，牡蛎被称为是"海洋牛奶"还真是实至名归呢！

鲍鱼究竟是不是鱼？

提起鲍鱼，你一定不会感到陌生。鲍鱼价格高、营养丰富，是人们非常喜爱的海洋食物，被人们誉为海产"八珍"之一。鲍鱼是上等的美味佳肴，其肉质柔嫩细滑、滋味极其鲜美，即使海洋中美味众多，也少有可以同鲍鱼相提并论的。

那么，鲍鱼究竟是不是鱼呢？鲍鱼名为鱼，可却不是鱼，它是一种单壳海生贝类。传说，这种海洋生物是因为春秋时期的名人鲍叔牙特别爱吃，所以才被称为鲍鱼的。实际上，鲍鱼同鱼是毫无关系的。

智慧大本营

鲍鱼含有丰富的蛋白质，所以有的父母常常会买来给宝宝补充营养。其实，这种做法并不可取。这是因为宝宝的胃肠功能不是十分健全，食用过多的鲍鱼，不仅无法吸收，还会对本来就脆弱的胃肠造成负担，严重时会引发疾病。

鲍鱼有什么营养和功效？

鲍鱼含有丰富的蛋白质，还含有较多的钙、铁、碘和维生素A等。中医认为鲍鱼是一种补而不燥的海产。在我国有"一口鲍鱼一口金"之说。鲍鱼的壳则是著名的中药材，叫作石决明，有明目的功效，还可用于医治多种病症。

鲍鱼为什么又被称为"九孔螺"？

鲍鱼是我们非常熟悉的海洋动物，它还有一个很多人不知道的名字——九孔螺，那么，这个名字是怎么来的呢？

原来，这与鲍鱼的身体结构有关。鲍鱼的壳表面非常粗糙，有黑褐色斑块，看上去脏兮兮的。然而，鲍鱼壳的内部却是另一个世界，呈现出了青、绿、红、蓝等颜色。壳的边缘有9个孔，是吸食和排出海水的重要部位，甚至连鲍鱼的呼吸、排泄和生育也得依靠它们。鲍鱼也因此被称为"九孔螺"。

鲍鱼的肉足究竟有多大力量？

别看鲍鱼其貌不扬，可它们却是大力士呢！鲍鱼的软体部分有一个宽大扁平的肉足。肉足非常不起眼，但力量却大得惊人。因为有了这粗大的足，鲍鱼可以在极强的海洋风浪的打击下纹丝不动。

据说，一只壳长15厘米的鲍鱼，其吸着力高达200千克力。就连那种可以掀翻轮船的狂风巨浪都很难把它们从岩石上"揪"下来。鲍鱼的保护意识非常强，捕捉鲍鱼时，只能趁其不备，然后迅速地铲下或将其掀翻，否则即使砸碎它的壳也休想把它取下来。小朋友们说说看，鲍鱼算不算是大力士呢？

为什么螃蟹只会横着走？

为什么螃蟹只会横着走呢？这个问题让很多人都非常感兴趣。有人认为螃蟹是依靠地球磁场来判断方向的，由于地球磁场发生了多次变化，使得螃蟹体内的小磁体失去了原来的定向作用。没有办法，螃蟹只好横着走路了。

这种说法虽然有些道理，却并不能使人信服。生物学家们认为螃蟹横行是由它的身体构造导致的。原来，螃蟹在水里生活，它的身体上覆盖着硬壳，螃蟹的关节只能左右移动，不能前后活动，螃蟹行走时只好用一边的侧脚抓地，另一边的侧脚再伸出来，把笨重的身体拉过去，当足尖够到远处地面时便开始收缩，而原先弯曲的一侧步足则马上伸直，把身体推向相反的一侧，这样一点一点地挪动。由于这几对步足的长度是不同的，螃蟹实际上是向侧前方运动的。

然而，并不是所有的螃蟹都是横行的，在沙滩上的尚蟹就可以向前奔走，生活在海藻丛中的蜘蛛蟹还能在海藻上垂直攀爬呢！

智慧大本营

由于螃蟹"横行无阻"，加上它们外表可怕，人们开始是非常害怕它们的，更别提食用了。直到有一个人食用了螃蟹后才知道它们的美味，而这个人也被称为是"第一个吃螃蟹的人"，意思是他是最勇敢的人，而这一说法也一直沿用至今。

螃蟹为什么喜欢吐泡泡?

螃蟹是一种长相奇特的动物，它们的外形以及横行的样子让人不免心生畏惧。可是这些家伙却十分会"卖萌"，它们总是吐着小泡泡，看上去滑稽极了。

螃蟹为什么喜欢吐泡泡呢? 这是因为螃蟹是甲壳类动物，它们用鳃呼吸。但是，螃蟹的鳃与鱼类的鳃不同，它们的鳃是由很多像海绵一样松软的鳃片组成的，生在身体上面的两侧，表面由坚硬的甲壳覆盖着，这让螃蟹可以脱离了水仍然能够进行呼吸。

螃蟹总是会爬到陆地上寻找食物，此时它们的鳃就会更多地与空气进行接触，而鳃里含有的水分和空气一起吐出，就形成了无数的气泡。这些气泡越堆越多，在嘴的前面堆成很多白色泡沫，就像是在做吐泡泡的游戏。怎么样，是不是很有意思呢?

螃蟹的"耳朵"为什么长在脚上?

螃蟹有眼睛，有嘴巴，为什么就偏偏没有耳朵呢? 其实，螃蟹是有耳朵的，只不过它们的耳朵没有长在头上，而是长在了脚上。

螃蟹的"耳朵"长在脚上是生物进化的结果。在螃蟹的步足尤其是步足的长节中，有些小不点器官，这些器官虽然很小，却对物体的震动非常敏感。螃蟹的耳朵长在脚上就大大提高了自己的听觉能力。比如沙蟹不但可以听到地表传来的声音，还能听到空气中传播的声音。而我们熟知的招潮蟹更是可以彼此相隔70多米而相互"打电话"呢!

螃蟹有骨头吗?

螃蟹味道鲜美,很多人都非常喜欢食用。在食用螃蟹时,我们先要将它们的壳剥开,然后吃掉里面的肉。那么,问题来了,你看到过螃蟹体内的骨头吗?肯定会有人立刻说:"螃蟹身体外面有层硬壳,里面都是肉,根本没有骨头。"

其实这种说法是错误的,事实上,螃蟹是有骨头的,它们的外壳实际上就是它们的骨头,这种特殊的骨头叫外骨骼。只不过我们总是认为骨头都是藏在身体里面的,才忽略了这一事实。其实,除螃蟹外,具有外骨骼的动物还有很多,如虾、蝎子、蜈蚣等节肢动物。因此,小朋友们可不要再奇怪于"螃蟹为什么没有骨头"这一问题了呦!

为什么螃蟹要换壳?

螃蟹有一个非常特别的生理变化,它们总是换壳。对于螃蟹来说,换壳是自身新陈代谢的一部分。可以说,在螃蟹的生长发育阶段总是在蜕壳。当它们的身体增长时以及身体形态发生变化时,螃蟹就需要进行换壳,只有这样才有空间长得更大并完成形态变化。

同龙虾的蜕皮行为一样,螃蟹的这种换壳行为并不仅仅是身体的外部变化,实际上它可是十分复杂的生理作用。螃蟹的换壳行为一直存在于整个生命活动过程之中,对其生命的发展起着重要作用。如果没有这种换壳行为,螃蟹就不会逐渐增大,也不能生存下去。

寄居蟹为什么背着螺壳?

每当我们走在沙滩上时，总会在小水湾里看到一种奇怪的动物，它们背着一座"小房子"在水里或者岩石上走来走去，当外界有危险时，它们就会迅速缩进壳内。这种奇怪的动物就是寄居蟹。

为什么寄居蟹总要背着一个重重的螺壳呢? 难道它们不累吗? 这是因为寄居蟹没有虾类的敏捷身手，而腹部也没有其他螃蟹那样坚硬的外壳。为了保护自己，它们只好找安全的地方躲起来，而身上的螺壳就成为寄居蟹最好的避难所。螺壳非常坚硬，寄居蟹的敌人根本无法将其打开。躲在螺壳内的寄居蟹自然就一次又一次地逢凶化吉啦! 看来，寄居蟹还真是聪明呢!

寄居蟹为什么经常搬家?

寄居蟹总是生活在螺壳内，每天都背着这个重重的"家"，并且每隔一段时间，寄居蟹就会搬家，寻找新的螺壳。

是时候换一个新家了!

这是因为随着时间的推移，寄居蟹的蟹体会逐渐地长大，原来的住所难以容下了。没有办法，它们才不得不寻找新的螺壳来居住。

当发现一个合适的螺壳时，寄居蟹便会开心地住进这个新家。有时看到螺壳内原来的主人还在，它们就会毫不讲理地对其进行攻击，然后把螺肉吃掉，自己则钻进这个螺壳内，用尾巴钩住螺壳的顶端，几条短腿撑住螺壳内壁，长腿伸到壳外爬行，用大螯守住壳口。

招潮蟹真的能 "招" 来潮水吗?

在海洋中生活着这样一种蟹类,它们站在海边,挥舞着自己的大螯,像指挥家一样,指挥海水演奏着一首首激情澎湃的乐章。潮水会随着它们的大螯挥舞而从远方袭来。这种动物就是大名鼎鼎的招潮蟹。

难道招潮蟹真的如它们的名字说的那样可以招来潮水吗? 当然不是。雄性招潮蟹的一只螯非常大,看上去就像是高举着示威一样,固此而得名,而另一只螯则很小。雌性招潮蟹两只螯都很小。每当潮水涌至岸边时,雄招潮蟹就站在洞口处,高举着粗壮有力的大螯,就像是欢迎潮水到来似的。然后它们会在潮水涌至洞穴时躲进老巢,盖住洞口。虽然人们称它们为招潮蟹,但海水的潮涨潮落跟它们可是一点关系都没有。

智慧大本营

雄招潮蟹总是举着它们吓人的大螯,对着潮水一阵手舞足蹈,活生生的一个大音乐家。其实,招潮蟹这种动作是有一定意义的,目的是威吓敌人。不仅如此,雄招潮蟹还会挥动着自己的大螯进行求偶呢!

海龟为什么要流泪？

海龟可是多愁善感的"有情人"哦！它们总是会流出眼泪，让人看了心中感觉酸酸的。这是为什么呢？

这是因为海龟虽然生活在海里，但却要经常爬到岸上来，尤其是在它们生蛋的时候。海龟在生蛋的时候，眼睛就会不停地流泪，大家可能会觉得是因为它们生蛋时身体承受了巨大的痛苦。事实上，海龟流出的不是眼泪，而是盐分。我们都知道海水是咸的，含盐量非常高，海龟生活在海洋里，每天都吞吐着海水，加上它们主要以海藻等海洋生物为食，这使得它们体内摄入了大量的盐分。吃了一肚子盐当然不好受了，海龟当然要想方设法地将这些盐分排出体外。

那么，海龟就是通过流泪来排出盐分的吗？没错！在海龟眼窝后边有一个被称作"盐腺"的器官，海龟正是凭借这个器官把进入体内的多余盐分排到身体外面去的，不知道的人还以为它们哭了呢！

智慧大本营

只要说起海龟，大家就会想到它们身上厚厚的壳，其实，不是所有的海龟都有壳。有一种棱皮龟，背部没有龟壳，而是有一层很厚的油质皮肤，且上面有5条明显的纵棱。

海龟为什么很难翻身？

海龟是一种非常笨拙的海洋动物，它们走起路来十分缓慢，让人看了非常着急。更可笑的是，海龟居然还很难翻身。

其实，这也怨不得海龟，它们的体形很难翻过身来。海龟身体较重，它们的身体呈扁平状，这让它们的身体重心非常低。除此之外，海龟的头部、四肢所占的比重较大，加上那厚重的壳，这就决定了海龟不能很容易地翻转。一旦海龟翻了身，如果没有外界力量的帮助，它们是很难仅仅通过自己的力量翻过来的。

那么如果不小心翻转了，海龟会怎么做呢？其实海龟还是非常聪明的，它们会在海水涨潮的时候，利用海水的浮力，同时利用向腹部击水的反作用力，拼命地把自己翻过来。

玳瑁是最小的海龟吗？

世界上有很多种海龟，这些海龟有大有小、形态各异。玳瑁是海龟的一种，它们因为身体小而受到了很多人的关注。那么，玳瑁是不是最小的海龟呢？

一般情况下，成年的玳瑁体长约85厘米，重约60千克，是个体最小的海龟。玳瑁的前肢较大，尾巴非常短。它们的背甲呈现出暗红色的光泽，并夹杂有黑色斑点，非常美丽。玳瑁是我国的二级保护动物。玳瑁主要分布于太平洋东南亚海域和印度洋等热带和亚热带海域，它们喜欢在珊瑚礁地区生活，是很多人都非常喜爱的海龟。

海胆有没有毒？

　　海胆是海洋中的危险分子，虽然它们外表较为美丽，可是它们却是残忍的家伙。海胆长有一层十分精致的硬壳，在这个硬壳上分布有无数的类似小刺一样的东西，被称为棘。

　　有些海胆的棘是有毒的，一旦被这些棘刺中，就会出现红肿疼痛的情况，有的人甚至会出现心跳加快、全身痉挛等中毒症状。

　　像毒性非常大的喇叭海胆，其具有3对毒腺，很多的海洋动物都无法抵御它们的毒素攻击而丧命。如果我们遇到了这种可怕的海洋生物，还是远远躲开为妙！

海绵是动物还是植物？

　　在电视中，海绵宝宝总是走来走去，非常可爱。那么，在实际生活中海绵也是这样的吗？它们究竟是动物还是植物呢？

　　真正的海绵可不像海绵宝宝那样活泼可爱。海绵是一种较为低等的动物，在它们的体壁上有非常多的小孔，因此人们也称它们为"多孔动物"。真实的海绵并不是四四方方的，而是有多种多样的形态。

智慧大本营

　　海绵虽然是一种低等动物，但它们却不能自己行走。它们像植物一样附着在海底的礁石上，靠滤食海水中的浮游生物等生存。

海绵形态多种多样

为什么说墨鱼不是鱼？

　　墨鱼也叫乌贼，是海洋中十分常见的动物。因为它能喷出一种墨色的液汁，人们又叫它墨斗鱼。但是，在这里要告诉小朋友们，虽然墨鱼被称为鱼，可实际上它并不是鱼，而是一种软体动物，和牡蛎、扇贝等是一家。

　　墨鱼的身体由头、足、外套膜、内脏囊和贝壳五部分组成。其实，墨鱼也同牡蛎一样拥有贝壳，只不过退化成支撑身体的骨头而已。所以，墨鱼虽然名字里有个"鱼"字，可跟鱼差着十万八千里呢！

墨鱼为什么能喷出墨汁来？

　　墨鱼是一种较为常见的海洋动物，它们以触角多、能够喷射墨汁而为我们所熟知。那么，墨鱼为什么能够喷出黑色的墨汁来呢？

　　墨鱼之所以能够喷出墨汁，是因为在其体内存在着一个容量很大的墨囊。平时，这些墨汁就储存在墨囊中，当敌人攻击墨鱼时，墨鱼就会从墨囊中喷出一股墨汁，把周围的海水染得墨黑，然后趁机逃之夭夭。不仅如此，墨鱼的墨汁中还含有毒素，敌人接触后就会有麻痹的感觉。然而，墨鱼储存这一腔墨汁需要很长时间，所以不到万不得已，它们是不会随意释放的。

一只正在发动攻击的墨鱼

49

为什么墨鱼会在夜间发光？

墨鱼不但能够喷出有毒的墨汁，用以麻痹敌人和猎物，有些墨鱼还有一个神奇的本领，那就是它们能够在夜间发光。这些墨鱼的这种本领是怎么来的呢？原来，在这些墨鱼体中存在着一种腺体，在这种腺体中包含有一种可以发光的物质。这些物质会通过一些化学反应而转化为光能。虽然墨鱼发出的光很微弱，可是在黑暗的海洋世界，墨鱼可以充分利用这丝亮光来寻找同伴和猎物，这也成为它们最有力的生存本领之一。

为什么墨鱼也会飞行？

墨鱼虽然看起来不起眼，但你多半不知道，墨鱼可是会飞的呢！在大海中经常可以看到一群墨鱼冲出水面，从海中起飞的画面。那么，没有翅膀的墨鱼是怎样飞行起来的呢？

其实，墨鱼虽然没有翅膀，但是它们仍然可以利用自己的身体冲出水面。它们在起飞时会把尾部的肉鳍卷在外套膜上，将头部的腕足折叠起来，以此来减少阻力。接着墨鱼会喷出水来，使其冲出水面，在空中加速。此时，它们会展开自己的肉鳍和腕足并张开腕足之间的保护膜，就像是翅膀一样。

墨鱼通过这两个阶段就可以在空中滑翔了，它们的身体会朝着前进方向稍稍抬起以保持平衡。待滑行了一段时间后，墨鱼便会回到水中，此时它们同样也会把尾部的肉鳍卷在外套膜上，将头部的腕足折叠起来，然后向着前面稍稍地俯冲，这样就极大地减小了入水时的冲击力。

可以说，墨鱼并不是简单的跳跃，而是进行真正的飞行

为什么说章鱼是 "海洋变色龙"？

　　变色龙是一种非常神奇的动物，它们可以随着环境的变化而变化自己的体色，以此来隐藏自己。在海洋中，同样也有很多种可以变色的动物，章鱼就是其中之一。

　　章鱼被称为是"海洋变色龙"，有十分惊人的变色能力。它们能够随时随地变换自己皮肤的颜色，让自己与周围的环境融合在一起。它们的变色能力可是非常强的哦，即使受伤了，它们仍旧可以非常从容地变色。

　　章鱼怎么会有这种魔术般的变色本领呢？原来，在它们的皮肤下分布有很多的色素细胞，里面装有不同颜色的液体，在每个色素细胞里还有几个扩张器，可以使色素细胞扩大或缩小。当章鱼遇到危险或兴奋时，它们的皮肤颜色就会发生改变。

　　章鱼的脑髓和眼睛是颜色变化的控制系统，如果某一侧眼睛和脑髓出了毛病，这一侧就固定为一种不变的颜色了，而另一侧仍可以变色。

　　由此可见，章鱼被称为"海洋变色龙"是实至名归的！

章鱼的身体
为什么那么柔软？

小朋友们都知道，章鱼的身体非常柔软，柔软到可以从仅留一点缝隙的箱子中逃走。章鱼的身体究竟有什么秘密呢？难道它们也练过瑜伽吗？

章鱼是一种软体动物。它们不像脊椎动物那样拥有骨骼，也不像节肢动物那样拥有坚硬的外壳。章鱼的外壳早已经完全退化了。也就是说，章鱼的身体没有一处坚硬的地方。也正因为如此，章鱼的身体才如此柔软。

值得一提的是，章鱼甚至连头骨都没有，这也让章鱼大脑的发育不受限制，使得章鱼的智商较高。

章鱼的腕足上有许多吸盘

一只章鱼扯断触手后从鲨鱼口中逃脱

为什么章鱼要弄断自己的触手？

　　章鱼可是海洋中的"极端分子"，动不动就搞出一个"自残"行为来，扯断自己的触手，让人听了很是惊讶。其实完全不必为它们担心，因为章鱼有着非常强的再生能力。它们之所以要弄断自己的触手，是为了让自己逃避敌人的袭击而已。

　　在海洋中，有很多的动物喜欢捕食章鱼，章鱼没有太强大的防御手段，只好将被咬住的触手弄断，然后逃之夭夭。这种为了逃命而弄断自己一部分身体的行为叫作自切。这些被弄断了的触手很快就会再次生长出来，且与之前的没什么不同。章鱼的这种逃生方法还真是另类呢！

　　不仅如此，章鱼还会利用自己的这一特点来诱捕猎物呢！它们会躲在洞里，然后伸出自己的触手，那些不明就里的小鱼看到有好吃的东西，便游了过来，正在它们吃得津津有味的时候，章鱼就会立刻上前将它们制服，然后美美地吃上一顿。

为什么说章鱼
最厉害的武器是毒汁?

章鱼虽然没有鲸鱼那样庞大的身躯,也没有鲨鱼那样的好牙口。但它却足以让很多海洋动物四处避让。究竟章鱼有什么强大本领呢?

其实,章鱼的撒手锏就是喷毒汁。每当章鱼被其他强大的动物攻击时,它就会喷出黑色的汁液。此时,海水就会被染黑,敌人根本看不到章鱼的身影,章鱼就非常从容地逃离了。更厉害的是,章鱼喷射的黑色液体是含有毒素的。敌人被这些墨汁包围,往往会全身麻醉,有的甚至会死去。也正因为具有如此强大的本领,海洋猛兽都不敢去招惹身体柔弱的章鱼。

此外,章鱼还可以利用自己的毒汁来进行捕猎,当找到猎物时,它就会喷出毒汁,将猎物麻醉。这时,章鱼就会飞快地冲到猎物身边美餐一顿了。

章鱼是怎样睡觉的?

章鱼头顶上的八条触手像飘带一样,非常灵敏。而章鱼又有睡觉的习惯,这时它的触手就会发挥重要作用。

章鱼睡觉时,把柔软的身子藏在石头的裂缝中,留下两条触手负责"值班",不停地向四周摆动,而其他条触手会全部蜷缩起来,要动它这些睡着的触手,会很费劲儿,有时根本无法弄醒它们,但是如果触碰了那些"值班"的触手,它就会立即跳起来,并施放墨汁隐蔽自己。

海星没有脚，它们怎么走路？

你手再多也没有我受人们欢迎！

你认识海星吗？海星是一种无头无尾的棘皮动物，它们长得非常像一个美丽的小星星，加上颜色绚丽，因而受到了很多人的喜爱。海星的身体扁扁的，根本没有脚，可是它们却可以在水中进行移动，它们是怎么做到的呢？

这是因为在海星的身上长有许多像手臂一样伸出的管子，称为"管足"。在这些管足的末端，都生长有一个吸盘。当这些吸盘进行一吸一放的运动时，海星就可以借助这个力量走动了。但是这种力量是非常小的，这使得海星的移动非常慢。据观察发现，海星1分钟只能走几厘米，它们还真是可怜呢！

海星有几个角？

有的小朋友一定非常想问："美丽的海星到底有几个角呢？"

其实海星的角并不是固定数量的，我们平时见到的海星多为5个角，而事实上，有的海星的角多达40个。5个角的海星就已经非常美丽了，40个角的海星你一定很期待见到吧？

海星为什么具有很强的再生能力？

海星有极强的再生能力，当它的腕、体盘受损或自切后，都能够很快地再生。

海星为什么拥有这么厉害的本领呢？原来，当海星受伤时，后备细胞就被激活了，这些细胞中包含身体所失部分的全部基因，并和其他组织合作，重新生出失去的腕或其他部分。海星的这一特点除了用来再生之外还可以用来进行无性繁殖，不过大多数海星都不太喜欢这样做。

文静的海星是食肉动物

海星是怎么吃东西的?

　　海星长得很漂亮，看上去也没有什么攻击性，那么它们是怎么吃东西的呢? 其实，海星的身体虽然是扁的，但是却有极强的消化系统。更恐怖的是，海星能将胃从嘴里吐出来，然后直接包住食物。

　　海星在捕食猎物时常常采取缓慢迂回的策略，慢慢接近猎物，用自己腕上的管足捉住猎物并用整个身体将其包住，然后连同胃一起缩进肚子里，利用消化酶让猎物在其体内溶解，再慢慢将猎物吸收。看来，这种外表美丽的家伙还真是狠角色呢!

海星角内的细胞

海星小时候是某些食肉鱼的食物

一只海星正在捕食

海参为什么特别善于自残？

海参是生活在海洋中的一类小动物。它们的生命力非常顽强，顽强到让你目瞪口呆。将海参切为两段投放进海里，3~8个月后，海参就会再次长成一个完整的海参了。更厉害的是，海参还有自切本领。当有必要时，海参会将自己切成两半，每一半海参不久就会长成一个海参，就像电视里的孙悟空一样。海参这种再生修复功能一直是医学、生物工程学家们深入研究的课题。

3~8个月

海参自切后重新
生长示意

海参的排脏本领也非同小可。当海参遇到敌人时，它们会迅速地把自己的五脏六腑一股脑喷射出来让对方吃掉。它们自身则会借助排脏的反冲力，逃得无影无踪。有人会问了："没有了五脏六腑，海参不就活不成了吗？"不用担心，这正是海参的神奇之处。没有内脏的海参在50天后又会长出一副全新的内脏，身体没有一点缺陷。

海参为什么被称为 世界上最纯净的生物？

在一望无际的海洋中生活着各式各样的动物，有凶猛的鲨鱼、巨大的鲸鱼，还有那悠闲自得的海龟……在众多的海洋动物中，有一种动物值得一提，它们就是海参。

海参是本领高强的家伙，它们可以抛出自己的五脏六腑，还可以变色。那么，海参是不是什么都不怕了？如果你这样想那就大错特错了。事实上，海参是非常娇贵的，仅仅是一滴油或一根头发触碰到活海参，它们就会立刻化成水。打捞上来的海参如果不及时处理，也会立刻溶化，实在是娇贵得不能再娇贵了。也正因为如此，海参也被誉为世界上最纯净的生物。

我就是宁死不让你吃！哈哈哈哈！

一只正在变色、溶化的海参

57

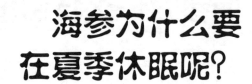

海参为什么要在夏季休眠呢？

　　小朋友们都知道很多动物都有冬眠的习惯，以此来躲避严寒。然而，与冬眠动物不同的是，海参却有夏季休眠的习惯。这是怎么一回事呢？

　　原来，海参是一种比较低等的动物，环境变化稍大时，它们就会出现不适的感觉，此时它们就会有过激的反应。一般情况下，当温度高于20℃左右时，海参就会非常不适，此时海参因消耗过多的体力，造成自己氧气不足。不仅如此，在温度较高的时候，海参体内的酶也由于温度不适宜而活性降低。因此，海参需要进行躲避，它们会转移到深海的岩礁暗处，潜藏于石底一动不动，整个身子萎缩变硬，就像石头一样，一个夏天都不用吃东西。这样一来，海参就可以保持体力，等待着温度适宜的时候再出来活动了。

智慧大本营

　　冬眠和夏眠有什么不同呢？告诉你吧，夏眠的时间一般都比冬眠短，通常不超过一个星期，因为每月大退潮时间大多只有5~6天，当这几天过去后，潮水就会增加，此时，海参以及其他夏眠动物就不会夏眠了。

为什么说水母是世界上最大的动物？

你知道谁是世界上最大的动物吗？相信很多小朋友会不假思索地说道："当然是鲸鱼啦！"可是，这个答案可不是最准确的哦！

如果单纯按照体重来计算的话，那么鲸鱼是世界上最大的动物毫无争议。但是如果按照长度来计算的话，那么世界上最大的动物可就要数水母喽！

早在1865年，人们在美国的马萨诸塞州海岸上发现了一只霞水母，它的伞部直径为2.28米，触手长36米。如果将它的触手完全拉开，从一条触手尖端到另一条触手的尖端长达74米，这可比鲸鱼要大很多呢！也正因为如此，很多人都认为水母才是世界上最大的动物。

鲸鱼和水母体长对比

为什么水母没有牙却会咬人？

很多在海中游泳的人都被水母咬过，被咬后十分疼痛，这也让很多人都非常奇怪："既然水母没有牙齿，那它们是怎么咬人的呢？"

原来，在水母的触手上或伞盖边缘长着很多刺细胞。在这些刺细胞中储存有很多的毒液，并有一根盘卷的刺丝。当水母遇到危险时，它们就会立刻将刺丝弹出，刺入敌人的体内。与此同时，水母还会释放出毒液，这些毒液会让敌人非常痛苦。在海边嬉戏的人很多时候都会受到水母的攻击，就好像被它们狠狠地咬了一口一样，非常疼痛。因此，小朋友们在海边游玩的时候一定要小心水母哦！

一只水母正在攻击人类

为什么说珊瑚是动物呢?

在海洋中有一种像树一样的生物,颜色鲜艳美丽,非常惹人喜欢,这就是珊瑚。很多人都以为这个有着枝杈的生物是海里的树,是一种海洋植物。其实,这种理解是错误的,珊瑚是不折不扣的动物哦。

我们所说的珊瑚狭义上指的是珊瑚虫,既然是"虫",那当然就不是植物了。而广义上的"珊瑚"则不仅仅只是生物,而是由众多珊瑚虫及其分泌物和骸骨构成的组合体,这种组合体构成了"珊瑚树"和"珊瑚礁"。

珊瑚为什么能形成岛屿?

小朋友们一定对珊瑚虫究竟怎样建起一座岛屿这件事非常感兴趣吧?

其实,珊瑚以捕食海洋里细小的浮游生物为生。除此之外,它们还喜欢吸收海水中存在的二氧化碳和钙物质。在饱餐一顿后,珊瑚虫就会分泌出一些石灰石,时间一久,这些石灰石就越堆越多,继而变成了它们的外壳。

就这样,大群大群的珊瑚虫生活在一起,它们一代代地生长繁衍,不断地分泌出石灰石,并把这些石灰石黏合在一起。这些石灰石经过石化、压实变得越来越大,甚至形成礁石和岛屿,这就是珊瑚礁和珊瑚岛的来历。

数以千万计的祖先们形成了伟大的珊瑚礁!

美丽的珊瑚礁

珊瑚虫

珊瑚岛——大堡礁

最大的珊瑚礁有多大?

世界上最大的珊瑚礁是澳大利亚的大堡礁，它位于澳大利亚东海岸的昆士兰州，是世界上规模最大、景色最美的珊瑚礁群。

1981年联合国教科文组织将大堡礁作为自然遗产，列入《世界遗产名录》。那么，大堡礁究竟有多大呢？告诉你吧，大堡礁是一处延绵2000千米的地段，这里有鱼类1500多种，软体动物4000多种，聚集的鸟类也有200多种，是动物的天堂。

海带是"海洋里的庄稼"吗?

小朋友们知道谁是海里的庄稼吗？告诉你吧，其实所谓海洋里的庄稼指的就是海带。

如今，海带已经成为人类的重要食物，它可以制海带酱油、海带酱，还可以将海带磨成粉制成添加剂，而餐桌上更是经常可以看到海带的身影。不仅如此，海带还可以用在工业生产上，人们能够从中提取钾盐、褐藻胶、甘露醇等。除此之外，海带还具有一定的药用价值，可作为医药用品。

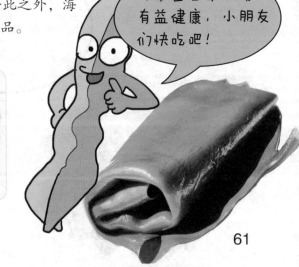

海带富含矿物质，有益健康，小朋友们快吃吧！

智慧大本营

海带是一种生长在海底岩石上的藻类。海带的营养非常丰富，含有非常丰富的钾、碘等矿物质，这些物质可是对人体非常有益的呢。不仅如此，海带还可以瘦身。所以，小朋友们最好适当吃上一些海带哦！

海带不开花是如何繁殖后代的呢？

孢子囊

海带非常有营养，也很受人们的喜爱。可是，小朋友们知道吗，海带不开花，它们是怎么繁殖的呢？

原来，在海带的叶子上长有很多非常像口袋一样的孢子囊。在这些囊中包含有许多孢子，当这些孢子囊破裂开后，孢子就会四处游散。一旦落在海底的岩石上，这些孢子就会慢慢发芽，长成一株一株的海带。

海里的"馒头"是什么？

在风平浪静的海上，我们常常可以看到一种透明胶质的像馒头一样的东西，下边摇摆着很多的触手，触手四周还长满了小刺。海里怎么会有会动的馒头呢？它们到底是什么呢？其实它们就是大名鼎鼎的海蜇。

海蜇是海洋中的一种腔肠动物，在热带、亚热带及温带沿海都有广泛分布。它们的外形非常有趣，就像我们平时吃的馒头一样。其实这是海蜇的蜇体，其颜色多是半透明的白色、青色或微黄色的。不过海蜇的个头可比我们爱吃的馒头大上数倍，一般情况下，海蜇的伞径超过45厘米，有的可达1米。

大海里竟然住着我的同类！不可思议啊！

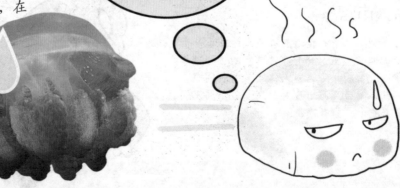

62

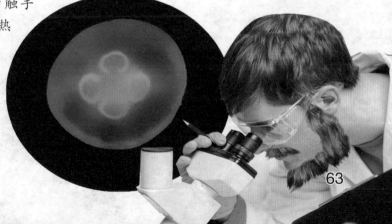

海蜇游动的方式可是风度翩翩的哦！

海蜇怎样游动？

海蜇没有尾巴，也没有鳍，它们是怎样游动的呢？原来，它们是靠伞盖部分的肌肉收缩压出体内的海水，然后靠反作用力推动前进的。因此，海蜇总是倾斜着上升或下降，就像醉汉一样。

海蜇虽然生活在海洋中，可是它们的游泳能力却非常差。它们想要出去玩的话，只能等着海浪大一些，然后随波逐流。有时候，海浪把它们带到了陌生的地方，海蜇也就在这里生活了。看来，这些小家伙们还有随遇而安的豁达胸襟呢！

海蜇有毒吗？

海蜇总是拖着美丽的身躯在水里上上下下地游泳，伞盖下的触手在水中漂漂荡荡，有一种轻柔飘逸的美感。但是千万不要被它们的外表迷惑，海蜇可是非常残忍的动物。很多动物都被海蜇残忍地毒害过，人类更是深受其害。渔民和游泳的人经常被海蜇蜇到，只要被海蜇的触手碰到，人们就会出现红肿热痛、表皮坏死，并有全身发冷、烦躁、胸闷、伤处疼痛难忍等症状，严重时可因呼吸困难、休克而危及生命。

为什么海蜇的毒性如此之大呢？原来海蜇的1个刺丝囊中含有5500万个单刺丝囊，海蜇毒素对哺乳动物的神经传导系统和甲壳动物的心脏均有损害作用。海蜇这么厉害，海洋中的那些小动物又怎么可能逃得过呢？

海里有刺猬吗？

刺猬是全身都长满了长刺的家伙，它们是生活在陆地上的哺乳动物。然而，在海中同样也有一种很像刺猬的动物，它们就是刺豚。也许小朋友们从来没听说过这个名字。

成年的刺豚身长20～90厘米，平时外形与其他鱼类相近，这比刺猬要大数倍。当它们遇到危险时，它们会立刻吸进海水，这时它们的身体就会鼓鼓的，全身的刺全都立起来，与刺猬非常像。

当敌人看到这种景象时，哪还有心情继续捕食刺豚啊，早就吓得灰溜溜地逃走了。不过，刺豚也会快速地恢复正常，因为长时间不消气的话，它们就会被憋死了。

智慧大本营

刺豚全身长满硬刺，这些硬刺是由鳞片进化而来的。平时这些刺贴在身上。当刺豚遇到危险时通过体内的气囊膨胀至数倍。为了能膨胀到最大，它们的肋骨、顶骨、鼻骨等骨骼都演化消失了。

潜水员抓到一只刺豚

海兔是
海里的兔子吗？

在我们印象中，兔子长着一对长长的大耳朵，竖起来的时候非常可爱。有人会问了："海兔既然叫兔，是不是也和兔子一样可爱呢？"答案可能会让你失望了。

海兔虽然被称为兔，却并不是我们想象中的兔子形象，它是螺类的一种，又称海蛞蝓，是甲壳类软体动物家族中一个特殊的成员。海兔在我国沿海尤其是东南沿海多有分布，主要生活于热带海域。海兔的种类很多，常见的有黑指纹海兔、蓝斑背肛海兔、斑似海兔等。在海兔的头顶有两只长长的触角，一前一后的很像是两只耳朵，让人很容易联想到活泼乱蹦的兔子，海兔也因此得名。

海兔也像兔子那样蹦蹦跳跳的吗？

一定有小朋友存在这样的疑问："海兔是不是也会像陆地上的兔子一样蹦蹦跳跳的呢？"

答案是否定的。其实，海兔是一种软体动物，喜欢在海水清澈、水流畅通、海藻丛生的环境中生活，以各种海藻为食。

别看海兔的触角小，它们却有着大作用呢！前面那对稍短的触角是海兔的触觉器官，能够帮助海兔前行和寻找猎物。后面的一对触角稍长，是专管嗅觉的器官，海兔靠它们可以嗅到猎物的气味和周围环境的变化。海兔在海底爬行时，后面那对触角分开呈"八"字形，向前斜伸着嗅四周的气味，休息时这对触角立刻并拢，笔直向上，恰似兔子的两只长耳朵。

看来，海兔虽然被称为"兔"，它们的生活习性却与兔子大不相同呢！

海里的菊花是什么动物？

海水里怎么会长菊花呢？小朋友们一定很奇怪吧？其实，这些海水中酷似菊花的生物并不是真的菊花，它们是一种叫海葵的海洋生物。

海葵的外表很像菊花，其实却是动物。海葵是一种构造非常简单的动物，没有中枢信息处理器官，因此，它们连最低级的大脑也不具备。奇怪的是，海葵没有骨骼，但是它们有很多的触手。触手的数量不等，少的仅十几条，多的有上千条。这些触手一个挨着一个，非常壮观。

海葵大多有基盘，其主要作用是用来固定身体，有时也能缓慢移动。而那些少数的、没有基盘的海葵则生长在满是泥沙的海底。

智慧大本营

海葵虽然美丽，可是却非常凶狠，当猎物接近时，它们会用触手快速地包裹住猎物，同时会向其射出数百到数千个刺胞，猎物很快就会死去。甚至一些体型较大的动物，也无法逃脱海葵的袭击。

谁是海洋中寿命最长的动物?

谁是海洋中寿命最长的动物呢?很多人都认为海龟是海洋中寿命最长的动物,其实这是不对的。

事实上,海葵才是海洋中的"老寿星"。科学家曾对3只采自深海的海葵进行测定,发现它们的年龄竟达到1500~2100岁,海龟同它们比起来可真像是小娃娃喽。

海蛇喜欢在什么地方聚集?

在海水中生活着很多的海蛇,它们在水面上轻盈地游动着,水面泛起一道道波纹。那么,有个问题要考考聪明的小朋友们了,你们知道海蛇喜欢在什么地方聚集吗?

海蛇的毒性非常强,不过在大西洋中还没有发现它们的身影

告诉你们吧,海蛇一般喜欢浑水,大多数时间都喜欢聚集在岩石的缝隙之中、树根附近以及草丛中。它们为什么喜欢聚集在这些地方呢?这是因为这里乱糟糟、脏兮兮的,它们躲在这些地方会更加安全。与此同时,在这种环境下海蛇也可以很好地隐蔽自己,这就大大提高了海蛇捕捉鱼虾的效率。

有趣的是,在海蛇家族中,有一些海蛇是喜欢夜间聚集的,它们的趋光性很强,哪里有灯光,它们就游向哪里。

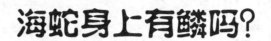

海蛇身上有鳞吗？

有的小朋友说："海蛇身上滑滑的，是没有鳞的。"其实，这种观点是错误的，海蛇不但有鳞，还全身布满了鳞片呢！

不过，海蛇的鳞片并不像我们平时见到的陆地蛇的鳞片，它的鳞片排列较为稀疏，鳞片像地板砖一样一个挨着一个并列着排列，而不是像陆地蛇一样呈覆盖的瓦片状。

其实，海蛇之所以身上滑滑的是因为它的鳞片是光滑的。海蛇的鳞片是由它的表皮衍生的，而不像鱼类的鳞片。它的鳞片非常厚，这可以保护海蛇，避免海洋中的盐渗透到身体中去，也避免体内的水分向体外散失。受到鳞片的保护，海蛇才能够畅快地在海洋中来回游动。看来，小小的鳞片对海蛇来说还是相当重要呢！

智慧大本营

其实，海蛇分为两种，一种是只能在海洋中生存的海蛇，无论是繁殖后代还是捕食都在海洋之中；而另一种则是平时生活在海洋里，当繁殖季节到来时，这类海蛇就会爬上沙滩，然后将卵产在那里，它们是水陆两栖动物。

海蛇鳞片放大

海蛇是如何游泳的?

海蛇是一种生活在海洋中的爬行动物，它们的外形与陆地蛇非常相似，因此得名。虽然海蛇的身体细长，但是它们却有很强的游泳能力。

原来，海蛇的身体并不完全与陆地蛇一样，它们的尾巴是扁平的，像船桨一样，当它们游动时，尾巴就可以像船桨一样来回摆动，海蛇则借助这股推动力而向前游动，加上它们的身体十分细长且非常光滑，使海水对它们的阻力很小，海蛇自然就拥有极强的游泳能力啦！

海蛇吃什么?

相信很多小朋友都想知道海蛇吃什么。其实，不同的海蛇有不同的摄食习惯。有一些海蛇的身体非常粗大，但是脖子却又细又长，头也是异常小，这让它们拥有了挖洞的本领，它们平时就会挖洞寻找穴鳗为食。而有些海蛇的牙齿非常小且不具有毒性，它们没有什么本领，只好以吃鱼卵为生。除此之外，有的海蛇也可以像陆地上的蛇一样攻击比自己身体大数倍的动物。

鱼卵的味道真是好极啦！

海里的"龙"是谁?

　　在海洋中生活着一种奇特的动物,它就像我国神话传说中的龙一样,长长的身躯弯成几道,头高昂着,显得非常有气势。这种动物就是让人们备感惊讶的叶海龙。

　　叶海龙身体较长,一般可长到45厘米,它的身体表面由骨质板组成,在骨质板上延伸出了一株株像海藻叶一样的瓣状附肢,这些附肢是叶海龙伪装的得力道具。叶海龙总是伪装成海藻,安全地隐藏在海藻丛生、水流极慢且未受污染的近海水域中栖息与觅食。叶海龙没有牙齿,它的嘴就像一个吸管,能够把浮游生物与海虱等吸进肚子里。

　　叶海龙属于海龙科,它主要栖息在隐蔽性较好的礁石和海藻生长密集的浅海水域。它的习性与海马十分相似,但不同的是,叶海龙有红色、紫色与黄色等不同颜色,有的叶海龙胸上还有宝蓝色条纹,非常好看。

什么是海肠？

海肠被胶东渔民称为"海鸡子"，有些地方人们把它叫作"裸体海参"。海肠的身体非常软，像蚯蚓一样蠕动行走，浑身无毛刺，值得注意的一点是，在黑暗的环境中，如果你用手轻轻挤压活海肠，海肠便会出现绿色的荧光，非常神奇。

海肠虽然长得有点奇怪，可却是餐桌上的美味。海肠是鲁菜中的重要原料，它的烹调方法也很多，干海肠、氽海肠汤、肉末海肠等都是很有地方特色的菜肴。海肠还可以用来做馅儿包饺子和馄饨，味道更是鲜美。此外，韭菜炒海肠含有人体所需的多种微量元素，对人体健康非常有好处。

为什么海里见不到青蛙？

夏天，青蛙那"呱呱呱"的叫声总是回荡在池塘里。可是你知道为什么海里没有青蛙吗？

原来，虽然青蛙属于两栖动物，但是它们却没有发达的肺部，需要借助皮肤来进行呼吸。在青蛙的皮肤上总是会分泌出很多的黏液来保持自己身体湿润，这就使氧气可以和皮肤微血管中的二氧化碳进行交换，保证青蛙的呼吸和水分充足。如果青蛙生活在海水中的话，它们体内的水分会渗出体外，这就会使它们因为无法补充水分导致脱水而死。所以，青蛙是无法在海水中生存的。

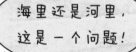

海里还是河里，这是一个问题！

71

鲸为什么要喷水？

相信小朋友们都知道海洋中的庞然大物——鲸吧！它的个头非常大，同它相比，我们就小得可怜了。除了个头大，鲸还有一个特点让我们很惊讶，那就是鲸总是会浮出水面喷出巨大的水柱。鲸为什么要喷水呢？

事实上，鲸虽然长得像鱼，但却与鱼有着非常大的不同。鲸是哺乳类动物，是通过鼻孔呼吸的，由于鲸长期适应海上生活，促使它的鼻孔慢慢移到了头顶上，这极大地方便了鲸随时出水换气。

想想这样一个庞然大物，呼吸起来当然也会地动山摇了。事实上也的确如此，当鲸呼吸时，肺中的气体以猛烈的速度往外喷射，鼻孔周围的海水也会被一起喷上去形成高高的水柱，这种水柱高达十几米，看上去就像是喷泉，非常壮观。

鲸为什么会"自杀"？

鲸身体庞大，处在海洋食物链的顶端，威风八面，很多海洋动物都四处躲避鲸的追击。然而，就是这样一个让其他动物闻风丧胆的巨无霸，却总是会"自杀"。在世界各地的海滩上，经常会出现鲸搁浅的现象，让人十分不解。为什么这些大家伙们要自杀呢？难道它们碰到了比它们还要厉害的角色吗？

科学家们对此也是非常疑惑。一些科学家认为受到地形与气象的影响，鲸在海岸处找食物时会因为超声探测信号失真而迷路，最终死在海滩上。还有一些科学家认为鲸有跟随向导行动的习性，若向导搁浅，其他成员也随之搁浅。而其他的一些科学家则认为这些搁浅的鲸受到了细菌的感染，且有多种寄生虫存在，这些寄生虫给鲸带来了很多的疾病。鲸们无法摆脱寄生虫的折磨，最终搁浅身亡。然而，究竟哪种观点才是正确的，就等着聪明的小朋友们去探究啦！

蓝鲸真是地球上最重的动物吗？

有人说，蓝鲸是地球上最重的动物，这是真的吗？千真万确。蓝鲸的体重非常大，刚产下的幼鲸体长就有7.5米左右，重约6吨，经过24小时的喂奶，它的体重就能增加100千克左右，平均每分钟增加约70克。而7个月大的幼鲸，体重可达到23吨左右，体长能达到16米左右。幼鲸每天要喝400升母乳。

小蓝鲸要5岁才算成年。成年蓝鲸的身躯更加庞大，是不折不扣的"巨无霸"。单是蓝鲸的一个舌头就大得惊人，据说上面能够站50个人。蓝鲸的头骨更是重达3000千克左右，如果把它的肠子拉直，足有200~300米长，血管粗得足以让婴儿爬过。成年蓝鲸平均长度约为25米，最高纪录为33.5米，重达181吨。要知道一头成年蓝鲸的体重可是非洲象的30倍呢！可见，蓝鲸确实是地球上最重的动物。

蓝鲸最爱吃的磷虾

智慧大本营

磷虾喜欢生活在深水地区，因此，蓝鲸需要沉入深海中捕食。为此，蓝鲸拥有了非常强的潜水能力，一般情况下，它们可以连续潜水长达10分钟，据记载，蓝鲸最长的潜水时间纪录是36分钟。

蓝鲸以什么为食呢？

蓝鲸身躯庞大，它们的胃自然也是非常大的。那么，这些大家伙们以什么为食呢？也许你不相信，蓝鲸最喜欢吃的居然是个头很小的磷虾。

在拥有丰富有机质的海湾区域，水质十分肥沃，使大量的浮游生物和大群磷虾聚集在这里，而磷虾又是蓝鲸的主要食物，因此，蓝鲸大多喜欢在此生活。

蓝鲸身体那么大，而磷虾却非常小，它们一顿要吃多少磷虾才能填饱肚子呢？据说蓝鲸一次可以吞食磷虾约200万只，每天要吃掉4000~8000千克，如果腹中的食物少于2000千克，就会有饥饿的感觉。人类中的"吃货"同这个庞然大物比起来简直不值一提。

蓝鲸是怎样吃东西的？

蓝鲸是怎样吃东西的呢？说来很有趣，它们吃东西时可是狼吞虎咽的，好像饿了很多天似的。蓝鲸喜欢吃浮游生物与磷虾，当它们吃东西时会将自己的大嘴巴张开，然后一口气吞下大量的海水，在这些海水中含有大量的鱼虾。接着它们就会闭紧自己的嘴巴，然后将海水吐出来，而鱼虾等就会被蓝鲸嘴巴中两排板状的须挡住，最终被咽进蓝鲸的肚子里了。

鲸鱼是怎样睡觉的？

鲸鱼睡觉可是和我们大不相同哟，我们会在晚上睡觉，时间固定，可是鲸鱼的睡眠时间却是不固定的。当大海起了大风浪时，鲸鱼就无法睡觉了，不像我们可以舒舒服服地躺在柔软的大床上，没人打扰。事实上，鲸鱼一家是以头鲸为中心，找一个比较安全的地方，围成一圈，静静地浮在海面上。这样便于鲸鱼固定住自己的身体，以达到保护幼崽、抵御敌人攻击的目的。如果听到什么声响，它们立即四散游开。

更有趣的是，鲸鱼在睡觉时，一半脑子是休息的，另一半则是清醒着的，此时，这一半脑子会控制着自己的身体保持一个游泳的姿势。

座头鲸为什么喜欢唱歌？

座头鲸可是海洋里的"大歌星"呢，它们总会"动情"地"歌唱"，让神秘的海洋更增添了一份诱惑。为了研究座头鲸，生物学家成立了专门的研究小组。经研究发现，座头鲸的"歌声"是很有规律的，也就是说，座头鲸有某种类似自己语法的东西，它们有自己的排列顺序。

为了进一步证实这个观点，科学家们设计了一个计算机程序。通过这个程序将鲸的歌声分成小段并转换成数学模型，以此来分析每个符号的平均信息量，并对其复杂性和结构进行数量化。经过计算机分析，科学家们发现了一些有趣的现象：座头鲸的歌不但有层次分别，还能够在1秒内传递大量信息，歌的种类则随着季节而不断发展，并且一个族群的所有座头鲸似乎都用的是同一首歌。

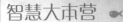
独角鲸的长牙具有触觉功能。独角鲸只需通过互相触动长牙，便可确认同类的身份，并与之进行交流。

独角鲸的长牙有什么用？

在北极地区生活着一种奇特的鲸类，在它们的头顶长有一根大角，非常威风，这就是独角鲸。

其实，这根大角是独角鲸的大牙。通常情况下，雌性独角鲸的牙是正常生长在嘴里的，而雄性独角鲸的左牙则会生长出来，变成一颗长3米的大牙，因此它们又被叫作海洋独角兽。

那么，独角鲸的长牙有什么用呢？告诉你吧，这颗长牙可是非常厉害的。说它厉害，可不是因为这颗长牙是独角鲸争强斗狠的锋利武器，而是因为在这颗长牙中含有密集的神经系统，独角鲸可以靠它收集温度、压力、运动和化学污染程度等信息。不仅如此，独角鲸的长牙中还含有类似血浆的溶液，可用来感知海水的咸度，在几千米以外就能感觉到海水的细小变化。当独角鲸收集到这些信息后，便会对一个地点是否适宜生存做出准确判断。

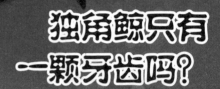

独角鲸只有一颗牙齿吗？

　　独角鲸因它头上的大牙而为人所熟知。那么，独角鲸就只有一颗牙齿吗？答案是否定的。其实，在胚胎中，独角鲸本来是有16颗牙齿的，但都不发达。等到独角鲸出生时，这些牙齿大多数都退化消失了，仍保存下来的只有上颌的两颗。雌鲸的牙齿始终藏于上颌之中，只有雄鲸上颌左侧的一颗会破唇而出，像一根长杆伸出嘴外。不过也有人偶然发现有两颗同时长出的，但数量极少。

虎鲸是怎样制服鲨鱼的？

　　虽然鲨鱼凶猛无比，但是虎鲸却能很轻易地将它制服。当遇到鲨鱼时，虎鲸就会利用尾巴将鲨鱼赶出水面，虎鲸的尾巴力量极大，甚至不用与鲨鱼发生身体接触，单是产生的上升力便能够将鲨鱼置于其移动时形成的水流之上。当鲨鱼露出水面时，虎鲸便用力扭动身体同时将尾巴伸出水面，使尽全力一下劈到鲨鱼的身上，鲨鱼再大也难以承受如此强大的攻击，最后会被打晕。虎鲸则将鲨鱼翻转过来，使鲨鱼进入瘫痪状态，进而张开血盆大口将鲨鱼吃掉。看来，嗜血成性的鲨鱼也并不是无所不能的呢！

虎鲸为什么会成为"乖演员"？

虎鲸是海洋中的霸王，就连凶恶无比的大鲨鱼都非常害怕它。然而，就是这样一种嗜杀的海洋霸王却可以被人类驯服得非常听话，还成为海洋馆里的明星"演员"。这到底是怎么回事呢？

其实，虎鲸是非常聪明的，它同海豚一样有着非常高的智商，这让它拥有了极强的领悟力和学习能力，经过专业的训练，虎鲸就会牢记主人的各种口令，最终成为海洋馆中的"演员"。

虎鲸的战斗力有多强？

虎鲸是海洋中的顶级捕猎者，它们的战斗力不只体现在拥有庞大的体形上，更重要的是它们拥有很高的智商。

虎鲸拥有复杂的大脑沟回，它们大脑重量占身体总量的比例仅次于人类，智力相当于15岁的人类，甚至比人类的近亲黑猩猩还要聪明。虎鲸像人类一样，有记忆，有情感，甚至还有自己的语言。它们喜欢群居生活，和人类一样的有着自己的社会结构，它们可以通过叫声进行交流，可以很好地完成狩猎行动。它们会将猎物驱赶到一起进行捕猎，会假装漫不经心，然后搞突然袭击，用大大的尾鳍拍晕猎物，还会攻击大型猎物身体最薄弱的位置。怎么样，虎鲸是不是很厉害？

海豚为什么特别聪明？

海豚是一种非常聪明的海洋动物，它可以学会很多本领，如顶球、跳火圈等。在水族馆中，人们总是会被上翻下跳的海豚吸引住。为什么海豚如此聪明呢？事实上，海豚的大脑是非常发达的，它是一种进化到高等阶段的哺乳动物，有一个大而复杂的脑子，记忆力非常好。也正因为如此，海豚可以学会并完成非常复杂的动作，甚至还能够听懂人类的语言。一些经过训练的海豚可以去侦察鱼群的行迹、海底的形状和矿藏的所在，甚至还能够执行爆破任务、抢救落水人员等。

这可是其他动物根本无法做到的，甚至连聪明的猩猩都无法完成。据科学家研究，一条成熟的海豚脑重占体重的1.2%，而猩猩只占0.7%。试想猩猩已经非常聪明了，海豚更聪明也就不足为奇了。

智慧大本营

海豚的听觉非常灵敏，这给它们提供了非常大的优势，但是这也给它们带来了很大的痛苦。当我们在水族馆中为海豚欢呼时，发出的声音就会对海豚造成非常大的伤害，甚至仅仅是鼓掌都会对它们的听觉造成损害。

海豚是鲨鱼的天敌吗?

我们听到过很多有关海豚与鲨鱼搏斗的事例,勇敢的海豚一次次打败了凶猛无比的鲨鱼。那么,海豚是不是就是鲨鱼的天敌呢?

其实,一般情况下海豚与鲨鱼相遇并不会相互厮杀。那么,它们在什么情况下才斗得你死我活的呢?告诉你吧,雌海豚产仔时,海水中会存在血腥味。这时,嗅觉非常好的鲨鱼就会被招来。此时,负责保护产仔海豚安全的海豚们,特别是雄海豚们,就会与凶猛的鲨鱼进行殊死的搏斗。

海豚会用它们那坚硬的吻部,使劲地猛戳鲨鱼柔软的腹部,特别是肝所在处和鳃部。如果鲨鱼被戳中,它们的内脏或者鳃部就会破裂,这样它们就无法进行呼吸进而死亡。因此,鲨鱼虽然比海豚厉害,但是也绝对不敢轻视这些不要命的家伙!

为什么说海豚是人类的朋友?

在海洋馆中,一头头海豚在那里上上下下、非常卖力地表演着,惹得小朋友们哈哈大笑,不停拍手。可以说,海豚就是我们的好朋友,给我们带来了非常多的欢声笑语。不仅如此,海豚还经常帮助人类。在大海中航行的人们有时候会受到鲨鱼等海洋猛兽的攻击,在这时,海豚总是会伸出援助之手,勇敢地与那些海洋猛兽搏斗。它们完全不顾自身的危险,尽力地帮助人类,让那些受到海洋猛兽攻击的人死里逃生。看来,海豚还真是我们的好朋友呢!

海豚为什么被称为"海上救生员"？

　　海豚救人的故事多得数不清，它们绝对是海洋里的卫士、人类的好朋友。然而，海豚总喜欢帮助人的原因至今也不得而知。有人认为这种帮助行为是源自海豚对其子女的"照料天性"。海豚总喜欢将自己的孩子托出水面，而当人类溺水或者遭受攻击时，海豚就出于本能将其当作一个漂浮物体推到岸边。

　　还有人认为海豚的救助行为是一种自觉行为，因为在大多数情况下，海豚总是将人推向岸边，而不是推向大海。当海豚感觉到人类处于危险时，就会马上飞快地游过去帮助他们，甚至不惜与残忍的鲨鱼进行搏斗。

　　更有人认为海豚的这种行为与它们的天性有关。海豚天生好动，善于模仿，最喜爱在水中嬉戏，所有它们碰到的东西都会成为它们的玩具。当鲨鱼袭击人类时，海豚就会以为鲨鱼是来抢自己的"玩具"的，为了保护所谓的"玩具"，海豚便与鲨鱼进行搏斗。无论出于什么原因，毕竟海豚帮助了一个又一个有危险的人，它们是人类真正的朋友！

海豚为什么又叫"不眠动物"？

我们都需要休息，晚上会美美地睡上一觉，第二天醒来就会精神百倍。但是，在大自然中却有一种不睡觉的动物，它们就是海豚。海豚被人们称为"不眠动物"。

原来，海豚是哺乳动物，它们是用肺来呼吸的。如果它们在水中睡着了的话，将会因无法呼吸而死。其实海豚并不是完全不睡觉，它们在睡觉的时候，半个大脑是处于清醒状态的，所以往往会一边睡觉一边游泳。它们虽然持续游泳，但左右两边的大脑却在轮流休息。每隔十几分钟它们的活动状态就会变换一次，而且很有节奏。

海豚的这种本领可真是了不起呀！

鲎为什么被称为"海底鸳鸯"？

在茫茫的大海之中，生活着各种各样的动物，它们一起构成了一个多姿多彩的海洋世界。在这片神秘国境中，有一种十分奇特的海洋生物，它就是鲎（hòu）。

鲎

相信小朋友们很少听到甚至没有听过鲎这种海洋生物吧。虽然我们对它知道得很少，可是它却有很好的名声呢，被人们称为"海底鸳鸯"。一旦雌鲎和雄鲎结为夫妻，便会如影随形，谁也不会离开谁，哪怕是在危险的情况下，雌鲎和雄鲎也会形影不离呢！

智慧大本营

一般情况下，雌鲎的体型较雄鲎大，肥大的雌鲎总是会驮着瘦小的丈夫蹒跚而行。如果你捉到一只鲎，提起来便是一对。看来，鲎夫妻还真是患难与共呢！"海底鸳鸯"的美称当之无愧！

珍贵的鱼类
化石

海里的鱼是从哪里来的?

　　在海洋里,生活着各种各样的鱼类,有美丽无比的蝴蝶鱼,有丑陋无比的石头鱼,有威风八面的旗鱼,也有个头较小的小丑鱼……为什么海洋中会有如此多的鱼呢?这些鱼是从哪里来的呢?说起鱼的来历,那可就追溯到数亿年前了,据说当世界上还没有人类时,鱼类就已经出现在海洋中了。虽然在不断演化过程中很多鱼类已经灭绝,但是仍然会有很多新的鱼种出现。科学家们在形成于4亿年前的奥陶纪地层中发现了鱼类化石,到了叫作泥盆纪的时期,各种各样的鱼就已经出现了,并且数量众多。到了新生代,鱼类的种类就更多了,并且逐渐演化成了现在这些各式各样的鱼类。

工业废水的排放使
大量鱼儿死亡

为什么鱼死后都浮在水面上？

　　你知道吗？当水中的鱼死后，它们总是会漂浮在水面上。为什么鱼活着的时候在水中自由来去，死后却会漂浮在水面上呢？

　　其实，在大多数鱼的身体中，有一种叫作鳔的器官，其能够对鱼身体密度进行调节。而鱼因为有了这种"调节器"就能够让自己在水中不同的深度畅游，鱼通过放气与吸气来达到调节身体密度的目的，使自己的身体和周围水的密度一样，这样鱼可以不费力地停留在水中。

　　然而，当鱼死后，它的"调节器"就会失灵。此时它的鳔就会吸满气体，使得身体的密度减小。不仅如此，当鱼的身体组织受到微生物（主要是细菌）的分解而产生气体时，鱼的组织就会变得松散，身体的密度也会减小。所以鱼类死后便会浮上水面。

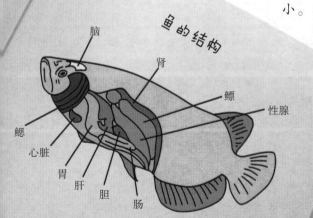

鱼的结构

脑
肾
鳔
性腺
鳃
心脏
胃
肝
胆
肠

85

鱼死后为什么肚皮朝上？

中一样东西的两面重量不一样时，轻的一面总是会浮在水面上，而重的一面则会位于轻的一面的下方。同样的道理，在鱼类的背部大多是脊椎骨并且存在较多的肌肉，密度较大。在鱼的腹部，则多是内部器官，空腔大，密度较小。因此，当鱼死后，密度小的腹部大多是向上的。

小朋友们有没有发现这样一个有趣的现象：当鱼死后，它会漂浮在水面上，并且肚皮会朝上。你知道这是怎么回事吗？

其实，鱼死后之所以会肚皮朝上，是由它的身体构造造成的。当水

鱼为什么要睁着眼睛睡觉？

睡觉时，小朋友们会闭上眼睛，不一会儿就进入了甜甜的梦乡。这是小朋友们睡觉的样子，但是你们知道鱼是怎样睡觉的吗？很多小朋友一定会说了："鱼是不睡觉的，因为它从来就没有闭上过眼睛。"其实这种观点是错的，事实上，每种生物都是需要休息的，鱼当然也不例外了。当鱼在睡觉的时候，它其实是不闭眼睛的。这是怎么回事呢？

原来，这与鱼眼睛的构造有关，鱼其实是没有眼睑的，这使其根本无法闭上眼睛，看上去就像从不睡觉一样。其实，当鱼在休息时，它就会在水中保持不动的静止状态，甚至于一些鱼类在运动的时候都能够睡觉，只不过它的眼睛不闭上罢了。

鱼开膛后为什么还能游动？

过年时，家家户户都洋溢着节日的喜庆。小朋友们最开心了，因为可以看到美丽的烟花，穿上好看的新衣服，更能够吃到好多的美食呢！小朋友们有没有发现，在爸爸妈妈宰鱼时，被开膛的鱼居然还能够游动，这个奇特的现象是怎么回事呢？

因为，鱼类不是高等动物，它的神经系统并不像高等动物（比如人）那样结构复杂，且它的神经系统分工也不像高等动物那样明确。当鱼被开膛后，鱼的脑神经和脊髓神经还没有被破坏，所以还存在着知觉，能够进行挣扎和游动。

鱼没有耳朵，为什么听觉很好？

小朋友们都知道，鱼是没有耳朵的。然而，没有耳朵的鱼类却有着非常好的听觉，这是怎么回事呢？

原来，虽然鱼类并不像我们一样长着耳朵，可是它们却长有类似耳朵作用的听觉器官。这个器官通过三块小骨头与鱼鳔内的神经相连，当水中的声波振动透过身体传到鱼鳔的时候，便产生了共鸣，使声音被放大。被放大的振幅通过三块小骨传到鱼类的听觉器官中，稍有一点微小的声波振动便能听到。因此，鱼类的听觉如此好也就不奇怪了。

鱼张嘴是在喝水吗？

　　小朋友们是否观察过，鱼总是鼓着自己的小嘴巴，一张一合的，非常可爱。那么，鱼是在喝水吗？

　　其实，鱼是在呼吸，当它张开嘴巴时就会吸进水，然后会通过鳃过滤出水中的氧气，剩下的水还是会被排出体外的。

　　那么，鱼类需要喝水吗？其实，在淡水中生活的鱼类是不需要喝水的，因为在鱼的血液和组织液中含有很多盐和蛋白质，溶液浓度要比周围的淡水高，渗透压也比淡水高。而水通常情况下是从渗透压低的溶液向渗透压高的溶液流动的，所以，淡水会渗入至鱼的体内。也正因为如此，淡水鱼不但不需要喝水，还需要不断地排出体内的水分。

　　相反，海洋中的鱼类却需要经常喝水，因为海水的盐分太高，海水中的渗透压也比鱼体内大得多。如果鱼不经常喝水的话，就会使体内的水分不足，进而无法生存。

为什么鱼的身体上有侧线？

鱼身上的侧线对它们是非常重要的。侧线系统是鱼的神经系统，通常生长在体侧的鳞片上，呈小孔状。在这些小孔中分布有神经末梢，其可以将外界信息通过与其相连的感觉器官传至脑神经，可作为探测感应之用，能感受到振动波及水流速度。所以，鱼身体上的侧线还真是大有用处，不可缺少呢！

我身上的侧线很整齐吧，呵呵！

智慧大本营

我们都知道，海洋是非常深的，深海处非常黑暗，那些生活在深海的鱼类就是靠着这个侧线系统来探测周围情况的，甚或眼睛机能已退化至看不见的鱼，也能够利用侧线系统在黑暗的水中来去自如呢！

为什么鱼游泳时总是背部朝上？

当鱼在游泳时，它的背部总是朝上，这是为什么呢？有人说，因为太阳在上方，鱼当然就背部朝上了。那么，这种说法是正确的吗？

事实上，科学家也对这一问题很感兴趣，为此还做了一个实验。科学家让一个水族箱的两侧受到光线照射，避免光线从上面透入。经过观察，科学家发现鱼会倾斜45°角进行游泳。经过分析科学家得出结论，原来，水族箱的上部遮挡住了光线，而鱼认为有光的侧面是太阳的方向，就试图以背对着太阳。

不仅如此，在鱼的体内还有平衡器官——耳石，其可以对地球的重力做出反应。在正常情况下，受到太阳和重力的作用，鱼类就会保持背部朝上的姿势。而当切除鱼内耳中的耳石时，也就消除了地心引力的效应，这时，如果光从左侧照过来，鱼的背部就会对着左面，如果光从下面来，鱼就会倒着游泳了。

耳石是我们鱼类保持平衡的重要器官哟！

为什么鱼会跳出水面？

鱼类离不开水，它们只有在水中才能够生存下去。但是奇怪的是，鱼类总是会跳出水面来，这究竟是怎么一回事呢？

这是因为水中的氧气不足，鱼类想要呼吸。当鱼跳出水面时，其可以呼吸空气中的氧气。这种情况在冬季的夜晚和夏季雷电之后最容易发生。绿色植物只有在阳光下进行光合作用后才会放出氧气。而到了夜晚，则会吸收氧气。水中的植物也同样如此，在夜间时，它们并不进行光合作用，而是吸收水中本就很少的氧气，这就使水中的鱼得不到充足的氧气，只好跳出水面进行呼吸了。此外，冬天时，由于水中的有机物的氧化分解，也会消耗大量的氧气。

同样的，当夏天下雨时，水面的温度就会降低，而水中的温度相对较高。当温度较高的水向上升的时候，水里的一些腐殖质也会上浮，其会吸收大量氧气来进行分解，并会释放出大量的二氧化碳，这造成了水中氧气缺失，加上二氧化碳的影响，鱼类只好跳出水面呼吸了。

一条鱼
跃出水面

90

宰鱼的时候为什么看不到鱼流很多血？

不知道小朋友们有没有注意过，当爸爸妈妈在宰鱼时，鱼的身体中并不会流出很多的血来。而当小朋友们的手划破或者鼻子流血的时候，血就会不停往外流，必须及时止血才行。可是为什么鱼却只流很少的血呢？难道它们自身具有神奇的止血功能吗？

其实不是的，事实上，鱼类身体内并没有多少血液，不像我们一样全身上下都是血管，大多数鱼的血都是在腹腔内，并且肌肉组织里也非常少，因此宰鱼的时候，当然就看不到鱼流很多血了。

为什么说鱼是两栖动物的祖先？

提到两栖动物，小朋友们一定会首先想到"呱呱"乱叫并一蹦一蹦的青蛙，它既能够在陆地上来去自如，也能够在水中游来游去。那么，你们知道哪种动物是两栖动物的祖先吗？告诉你们吧，鱼类才是两栖动物的祖先哦！

事实上，早在4亿年前，地球上有很多的湖泊和湿地，在这些水中生活着一种叫作总鳍鱼的鱼类，且数量非常多。随着地球气候变得温暖潮湿，这种鱼为了适应地球环境而使自己的胸鳍和腹鳍变得越来越粗壮有力，这让其拥有了很强的爬行能力。随着不断进化，鳍鱼的胸鳍和腹鳍最终变成了四肢，而总鳍鱼的鳃也逐渐变成了肺。就这样，总鳍鱼成为地球上两栖动物的祖先。

腥
腥
腥
腥

为什么鱼会有腥味？

在鱼的身上，总会闻到一股腥味，非常刺鼻。这是怎么形成的呢？原来，在鱼身体的两侧各有一条白色的线，叫"腥腺"，其可以分泌出很多的黏液。在这些黏液中含有带腥味的三甲胺。在正常温度下，这种物质非常容易从黏液里挥发出来，并可以迅速在空气中传播，这也就是我们闻到的腥味。

智慧大本营

吃鱼时，如果鱼有很强烈的腥味就会让人感到恶心。那么怎么才能去除鱼腥味呢？其实，只要在做鱼时抽掉鱼身体内的腥线就可以了。当在离鱼头一个手指的地方切一刀，你就会发现一根白色的、很细的线，这就是腥线。将其切除，鱼的腥味就会大大降低了。

鱼类也有自己的语言吗？

小朋友们知道吗，在水中不停游来游去的鱼类也有自己的语言呢！其实，绝大多数的鱼并没有一个专门用来发声的器官，但是它们可以利用身体的其他器官进行发声。一般情况下，鱼可以利用自己身体的某些器官来发出特殊的声音，比如杜父鱼是以一部分鳃盖摩擦发声。除此之外，鱼还可以通过自己身体的整体或部分运动来发出声音，比如翻车鱼牙齿摩擦发出的咬牙切齿声。

那么，这些声音就是鱼类的语言吗？的确是的，鱼类就是通过这些声音来互相传递信息的，比如进行求救、报警等。

除了声音外，鱼类还可以运用自己的外形、气味等进行交流。在水中游动的鱼儿，通过鱼鳍的摇摆姿态和动作，可了解对方的行动方向。而鱼类产生的一些化学物质则可以让同类识别出自己，达到交流的目的。

为什么鱼在水中可以沉浮自如?

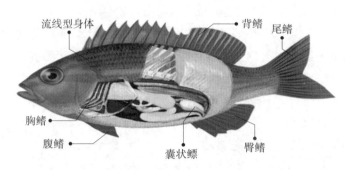

流线型身体　　　　　背鳍　尾鳍

胸鳍

腹鳍　　　　囊状鳔　　臀鳍

当不会游泳的人不慎落水时，总是会陷入挣扎，无法像水中的鱼一样来去自如。为什么鱼就可以在水中游来游去、沉浮自如呢?

其实，鱼类之所以拥有在水中沉浮自如的本领，是由它们的身体构造决定的。一般而言，大多数鱼类的身体都呈现出两侧扁平、前后呈流线型的体型，这种体型非常适合在阻力很大的水中运动。除此之外，在鱼类身体中还长有一只充满气体的囊状鳔，这只囊状鳔可以起到非常好的调节作用。在这只鳔内储存有很多的气体，鱼就是靠鳔内充气多少来调整它在水中的位置的。

不仅如此，鱼身上的鳍也是鱼类在水中游动的重要"法宝"呢!特别是背鳍和臀鳍，是鱼类保持平衡的重要器官。而鱼的胸鳍则可以保证鱼在游动时保持稳定状态。在这些身体器官的帮助下，鱼类便能够十分轻松地在水中游来游去、沉浮自如喽!

为什么鱼有鳞和刺?

为什么鱼的身体上有很多的鳞片和刺呢?

事实上，鱼身上的鳞片可是非常重要的呢!这些不大的鳞片是鱼类的铠甲，如果缺少了这些鳞片，淡水鱼的身体内就会渗入水，使体内水分过量。海水中的鱼类则会因为盐分高的海水的渗入而让身体的水分渗出来，使体内大量失水。这两种情况都会使鱼类死亡。

而那些鱼刺其实是鱼的骨头。因为鱼的身体太小了，所以它们的骨头也就很小了，小得像刺一样。于是，我们就把鱼身体内的骨头称为鱼刺了。

所有的鱼都是冷血动物吗?

有人说水中所有鱼的体温和周围环境都是相一致的,它们全都是冷血动物。这是真的吗? 其实,这种看法是错误的,鱼并非全是冷血动物。

在水中生活有一种叫作金枪鱼的鱼类,它的身体两侧长有特殊的肌肉带,在这些肌肉中,生长有非常丰富的血管,活动力非常强,这使得肌肉带的温度比周围海水及身体的其他部位要高3~12℃,这也让金枪鱼拥有了极强的运动能力。金枪鱼没有像哺乳动物那样厚厚的皮下脂肪来保持身体热量,必须靠积极活动来保持肌肉的较高温度,因此它的能量消耗就大,代谢效率相当高。

智慧大本营

冷血动物又被称为"变温动物",它们的体温会随着外界的温度变化而变化。除了鸟类和哺乳动物外,其他动物都是变温动物。值得一提的是,变温动物大多都无法有效控制自己的体温,很多动物都需要寻找一个相应的环境,以此来维持自己的正常体温。

金枪鱼

特殊的肌肉带

比海水的温度高3~12℃

热量消耗很大

94

什么是洄游？

为了繁育后代，我们每年都要洄游的哦！

在水中生存的鱼类，很多都存在着洄游现象。究竟鱼的洄游是什么呢？

告诉你吧，有许多鱼类每年都在一定的时间、沿着一定的路线、成群结队地从一个生活环境游往另一个生活环境，这种活动被称为洄游。洄游现象是受鱼类的生理要求、遗传和外界环境因素等的影响产生的。通常情况下，鱼的洄游主要有三种类型：生殖洄游、索饵洄游、越冬洄游。

生殖洄游是鱼类为了繁殖后代而寻找适于产卵场所的游动。索饵洄游是一些鱼类因为产卵后身体虚弱而寻找食物较多地区的游动。越冬洄游是因为冬天来临气温降低后，鱼类为了躲避严寒而向着深水区或暖水区迁徙的游动。当然，并不是所有的鱼类都存在着洄游行为，有些鱼可是一辈子都生活在一个地方呢！

鱼翅是鱼的什么部位？

相信小朋友们都听说过鱼翅吧，它被人们称为人间美味。具体说来，鱼翅是晾干的鲨鱼鳍，而鳍按其所生长部位可分为背鳍、胸鳍、臀鳍、尾鳍。以背鳍制成的叫脊翅、背翅或劈刀翅，翅多肉少，质量最好；以胸鳍制成的叫翼翅或上青翅，翅少肉多，质量较差；以尾鳍制成的称尾翅、勾尖或尾勾；以臀鳍制成的称荷包翅、翅根。尾鳍和臀鳍肉最多、翅最少，所以后两种鱼翅质量最差。

没有了鳍，我只有死路一条！

在鲨鱼的鳍中，存在着一种很像是粉丝的翅筋，其含有高达80%左右的蛋白质，并含有脂肪、糖类及其他矿物质，但这些物质很难被人体吸收，对人类来说营养价值并不高。另外，据科学家研究，鱼翅中含有一些神经毒素，对人体有伤害。因此，为了保护鲨鱼，同时保护自己的安全，我们还是不要吃鱼翅了！

鲨鱼为什么很少生病?

生病的感觉可不好，又要打针又要吃非常苦的药，病情严重的甚至需要开刀做手术。然而，在海洋中却有几乎不生病的家伙，它就是鲨鱼。

我们连癌症都不怕哦！

原来，鲨鱼对包括癌症在内的多种疾病都有较强的免疫能力。人们发现从鲨鱼软骨中提取的软骨素可以抑制癌细胞的生长。当疾病来袭时，鲨鱼可以凭借自己极强的身体条件抵抗疾病的侵袭。也正因为如此，鲨鱼的寿命都是非常长的，一般在70年左右，有的甚至可活到100岁。此外，鲨鱼还有很强的抗感染能力，鲨鱼的伤口愈合的速度比人类快2倍。有如此强悍的身体，鲨鱼很少生病也就不奇怪了!

为什么鲨鱼允许小鱼游进它的嘴里?

去过海洋馆的小朋友一定见到过这样的奇怪场景：一些小鱼慢悠悠地游动着，前方是一头巨大的鲨鱼，一些鱼类纷纷躲避，可是这些小鱼却不知死活，根本不惧怕这个"大块头"，仍然悠闲地游动着。更让人惊讶的是，大鲨鱼竟然慢慢张开自己的大嘴巴，而小鱼则仍然前行，最后进入鲨鱼的嘴里，过了一会，竟然又慢悠悠地游了出来……

你一定在奇怪，凶狠的大鲨鱼为什么不吃掉这些小鱼呢？这些小鱼难道不知道鲨鱼的厉害吗？其实这些小鱼是勤劳的"清洁工"，是鲨鱼的护理者呢！在鲨鱼的嘴巴中有很多的脏东西，存在着很多的寄居动物，如果不能有效地清理，就会引发疾病。而小鱼则以鲨鱼嘴巴中的寄居动物为食。鲨鱼深知这一点，于是便让这些小鱼进入自己的嘴巴将这些脏东西除去，进而摆脱寄居动物的烦恼。当这些小鱼完成清洁工作后，也就会心满意足地离开了，而鲨鱼也不会伤害它们

其实，并不是所有的鲨鱼都非常凶残地攻击人类的。世界上有300多种鲨鱼，在这些鲨鱼中只有30多种会主动攻击人类，而这30多种鲨鱼中仅仅有7种能够致人受伤。另外，考虑到鲨鱼的体型和习性，世界上只有20多种鲨鱼是具有危险性的。

鲨鱼为什么老远就能
闻到水里的血腥味？

在电影中，鲨鱼是嗜血狂魔，当水中有了血腥味时，它们会立刻觉察到，然后飞快地游过来。为什么鲨鱼在很远的地方就可以闻到水里的血腥味呢？是不是鲨鱼的嗅觉非常灵敏呢？

没错。有人测定，1米长的鲨鱼的嗅膜总面积可达4842平方厘米，鲨鱼在几千米外的地方就可以闻到血腥味。鲨鱼的这种神奇的嗅觉同它的鼻子构造有一定的关系，鲨鱼的鼻孔分为前后两部分，前部为进水孔，后部为出水孔。这使得鲨鱼的鼻子异常敏锐，甚至可以分辨出水中一百亿分之一的气味。很远的地方出现血腥味后，鲨鱼就会立刻赶来也就不足为奇喽！

嘿嘿！超级独特的嗅觉系统让我们随时定位美食的所在！

97

热带鱼为什么体色非常鲜艳？

很多人都喜欢养鱼，特别是那些外形非常美丽、颜色鲜艳的热带鱼，更是惹人喜欢。

其实热带鱼之所以如此美丽也是不得已而为之的呢！为什么这么说呢？原来，在海洋中充满了各种各样的危险。热带鱼有很多的天敌，为了保护自己，热带鱼只得想尽一切办法来躲避敌人的追杀。而在热带海洋中，生长有非常多的海藻和珊瑚，生活在这种五彩缤纷的世界中，热带鱼慢慢地也学会了"打扮"，身体的颜色变得异常鲜艳，并有各种不同的花纹，用来适应这繁花似锦的环境。这样一来，当敌人攻击时，热带鱼就可以从容地躲避到珊瑚或者海藻中去，让自己融入环境，从而躲避敌人的捕食。

鲫鱼为什么被称为"免费"的旅行家？

鲫鱼又叫"吸盘鱼"，外号"免费旅行家"，因为它常常吸附在游泳能力强的海洋生物身上进行"免费的旅行"。所以也被认为是世界上最懒的鱼。

鲫鱼的头顶上有一个长椭圆形的吸盘，是由它的第一背鳍演变而来的。当鲫鱼的吸盘与其他动物身体接触，就会挤出吸盘中的水，借助大气和水的压力，牢固地吸附在那些动物的身上。一条60厘米的鲫鱼，可以承受大约10千克的拉力。依靠吸盘的吸附能力，它不仅可以省力地进行免费旅行，还能狐假虎威地避免敌害侵袭呢。

鲫鱼的吸盘和独特的习性，被渔民们发现并利用。他们捉到鲫鱼后，就用绳子将鲫鱼的尾巴牢牢缚住，看到海龟等动物时就将鲫鱼放回海里，鲫鱼为了逃生就会紧紧吸附住海龟，此时渔民收绳就可以将鲫鱼和海龟一起捕获

翻车鱼为什么颠三倒四的？

在海洋中生活着一种名叫"翻车鱼"的鱼类，它可是一条十足的笨鱼哦，圆扁的身体使自己的游泳速度十分缓慢，因此总是被其他的海洋生物给吃掉。翻车鱼总是颠三倒四的，为了躲避凶猛海兽的攻击，翻车鱼会迅速摆动着身体，让自己的腹部对着敌人，而把头部侧到一边，就像车翻了一样，故而得名。

为什么翻车鱼总是颠三倒四的呢？原来，翻车鱼拥有令人难以置信的厚皮，一般而言，成年翻车鱼有厚达15厘米的皮，即使是未成年翻车鱼的皮也厚达几厘米，这让翻车鱼的敌人很难咬破。因此，当遭受攻击时，翻车鱼就会摆出颠三倒四的样子，护住自己的头部，因为只要不被敌人咬中自己的头部，翻车鱼基本上都可以逃生。

鲑鱼为什么能记住洄游的路?

　　洄游现象在很多鱼类中都存在，其中鲑鱼的洄游最出名。鲑鱼为了繁衍后代，每当要产卵时，它们都会成群结队地朝着出生地进发，为此它们需要穿越一道道激流险滩，历尽千辛万苦完成洄游。

　　让人费解的是，鲑鱼在路途遥远的大海中能够很好地辨别方向，记清楚去时和回来的路，这种本领让科学家们非常费解，为什么事隔这么多年鲑鱼还能记住洄游的路线呢?

　　原来，在洄游鱼类中存在有一种叫"识别外激素"的物质，这种物质可以使鱼之间区别同一种类的不同个体。除了这种"识别外激素"之外，还有一种东西作用于鱼类的洄游，但是这种物质是什么目前仍然不得而知。看来，这个问题只好留给聪明的小朋友们去解决了。

四眼鱼真的有四只眼睛吗?

长着很多只眼睛的昆虫我们常见,但是长着很多只眼睛的鱼却十分罕见,其中大名鼎鼎的就是四眼鱼了。

人们最初发现四眼鱼的时候,看到它常常在水面附近活动。"四眼"一半在水面上,一半在水面下,空中和水中的情况尽收眼底。不过,后来科学家们通过研究发现,四眼鱼其实只有两只眼睛,它的"四眼"其实是一种结构特殊的双眼。四眼鱼每只眼的中间由一层隔膜分成上下两半,角膜和视网膜也分成两半。在平时,四眼鱼会将眼睛的上半部分露在空气之中,以方便自己可以更好地观察空中的情况,搜索水面上飞行的昆虫。而下半部分就会向下,观察水中的情况。这样一来,四眼鱼便可以同时观察着空中与水中的风吹草动,让自己可以更好地捕食并躲避敌人。

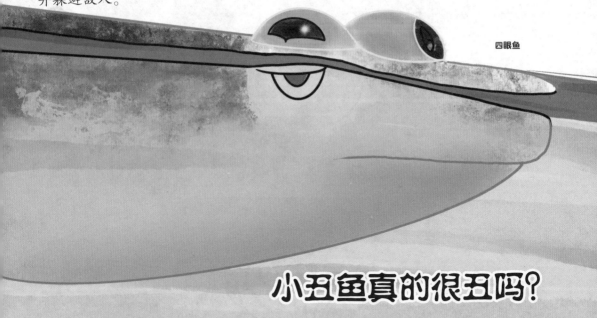

四眼鱼

小丑鱼真的很丑吗?

海洋中有很多丑陋无比的鱼,有的鱼你只要看一眼,就再也不想看第二眼了。有一种鱼,它们长得并不丑,且色彩鲜艳,却因为身上长有一条或两条白色条纹,好似京剧中的丑角,被称为"小丑鱼"。

小丑鱼的样子十分呆萌可爱·。

《海底总动员》中可爱勇敢的尼莫就是一条小丑鱼,它那一鼓一鼓的嘴巴和五颜六色的"花衣服"让人心生怜爱之意。

小丑鱼

为什么小丑鱼喜欢
和海葵在一起？

在海洋中充满了危险，很多动物为了保护自己、为了生存而彼此依赖，成为好朋友，小丑鱼和海葵就是很好的例子。

小丑鱼体色非常鲜艳，这使其成为很多海洋动物的猎物，为了保护自己，小丑鱼只好躲藏在海葵的身边。而海葵也算是小丑鱼的"好哥们儿"，每当自己的"兄弟"被其他大鱼攻击时，海葵就会伸出援助之手，把敌人赶跑。不仅如此，海葵还会把自己吃剩下的食物慷慨地送给小丑鱼，而小丑鱼亦可利用海葵的触手丛安心地筑巢、产卵。

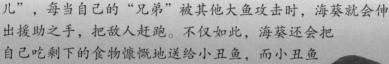

智慧大本营

小丑鱼在海葵身体内自由来去，使得一些捕食者频繁靠近。这样一来，海葵就大大增加了捕食的机会。除此之外，小丑鱼还可以除去海葵身上坏死的组织及寄生虫，同时小丑鱼的游动也可减少残屑沉淀至海葵丛中的概率。另外，小丑鱼也可以借着身体在海葵触手间的摩擦，除去海葵身体上的寄生虫或真菌等。小丑鱼还真是海葵的私人医生呢。

为什么说小海马是海马爸爸"生"出来的？

在我们印象中，鱼类都是那种或圆或扁、扭动着身体在水中游来游去的样子，还不时地吐个气泡。然而，有一种鱼类却非常奇特，它没有鱼类那样普遍的外形，生活习性也与其他鱼类不同，这种鱼就是海马。

之所以被称为海马，是因为它的头部弯曲，与身体呈直角状，非常像马头。在海马的头顶上有一个十分突出的冠状物，冠状物上面生满了小棘。

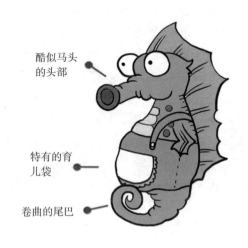

酷似马头的头部

特有的育儿袋

卷曲的尾巴

有趣的是，这种海洋中的小家伙可是由爸爸"生"出来的呢！这是怎么回事呢？

原来，在海马爸爸的肚子上长有一个育儿袋。当生产季节到来时，海马妈妈就会把成熟的卵产在这个育儿袋里。当育儿袋中孵育出小海马后，海马爸爸才会将肚子上的肌肉伸缩，将小海马"生"出来。

智慧大本营

海马是一种经济价值较高的海洋动物，一般不直接食用或者熟食、炒食等，而是制成各种合成药品供人们服用。海马药具有强身健体、补肾壮阳、舒筋活络、消炎止痛、镇静安神、止咳平喘等功效，特别是治疗神经系统的疾病，更为有效。现在，海马已经在世界各地被广泛养殖，在我国水族市场常常可以见到黑海马、灰海马和斑节海马，那些比较名贵的红海马、黄金海马则很少见。

海马怎么吃东西呢？

海马的嘴是吸管状的，翘翘的，很是可爱。那么，它们是怎么吃东西的呢？

事实上，海马是靠鳃盖和那张吸管状的嘴巴来吞食食物的，它们喜欢吃浮游生物和甲壳类动物，包括萤虾、糠虾和钩虾等。海马吃东西与水温、水质密切相关，当温度在适宜的范围时，它们就会大吃一顿，消化也会相应加快。而当水中的环境不好时，它们就变得不想吃东西了，有的时候甚至会发脾气绝食。海马在正常条件下吃得比较多，它们每天吃的食物量约占体重的10%。吃得多让海马耐饥性很强，最多竟然可以132天不吃东西，这一点就连擅长忍饥挨饿的骆驼也自愧不如。

海马是怎样游泳的呢？

海马的游泳方式很特别，游泳时，它们的头部向上，身体稍微倾斜地直立于水中，完全依靠背鳍和胸鳍来进行运动，其中扇形的背鳍只起着波动推进的作用。这种游泳方式自然会很慢，因此海马通常喜欢生活在珊瑚礁的缓流中。

如果海马想要停在某个地方，它们就会把尾巴缠附在海藻的茎枝上，这样一来就不会被激流冲走了。即使为了吃东西或其他原因暂时离开，它们也会在游了一段距离之后，马上找个合适的地方把尾巴缠在上面。

不得不说，小海马还真胆小呢！

香鱼为什么会有香味？

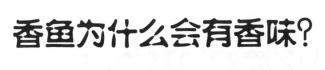

　　小朋友们爱吃鱼吗？美味可口的鱼肉又软又香，非常好吃。那么，小朋友们吃过一种叫作香鱼的鱼吗？

　　香鱼，顾名思义，这种鱼身上有一种特别的香味。那么，它身上的香味到底是怎么产生的呢？原来，在香鱼的背部细鳞的下面有一个充满香脂的腺体，经过烹调后香气就会从这里释放出来，香鱼因此而得名。明代万历年间就有"雁山出香鱼，清甜味有余"的诗句，被誉为雁山五珍之一。怎么样，喜欢吃鱼的小朋友们是不是已经流口水了呢？

老板鱼是一种什么鱼？

　　听到老板鱼这个名字，小朋友们脑海中一定会跳出大老板的样子吧。

　　其实，老板鱼可不是鱼类中威风八面的老板。事实上，它既没有老板的派头，也没有能力去管理其他的鱼类。它长得并不像老板，而像是农民种地使用的犁铧头，因此其又被称为铧子鱼，学名孔鳐。又因为老板鱼的双鳍特别发达，看起来好像一只展开双翅的大鹰，因此古时候人们将其称为鹞鱼。

身体扁平的孔鳐

105

裂唇鱼为什么喜欢给其他的鱼"看病"？

当我们生病去看医生的时候，医生会根据我们得病的情况来进行相应的治疗。不过，我们生病时可以看医生，海洋里的鱼生病了怎么办呢？

不用担心，在鱼类中同样也有"救死扶伤"的医生，它就是裂唇鱼。有的小朋友会问了："裂唇鱼真的是医生吗？"

严格来说，裂唇鱼并不是医生。裂唇鱼总会钻进大鱼的嘴巴和鳃中，其实是为了美餐一顿。大鱼嘴中总会有一些寄生虫，这可是裂唇鱼最喜欢吃的美食哦。裂唇鱼会用它那尖长的嘴巴吃掉大鱼身体中的寄生虫，每次都会吃得饱饱的。当然，在美餐的过程中，裂唇鱼同时也为大鱼除去了疾病的隐患。

由于裂唇鱼的这一本领，海洋里的鱼都对它十分友善，就连凶恶的大海鳝都不会伤害它，有时甚至还充当裂唇鱼的保护者哦。

智慧大本营

生活在湖泊和海岸边的鳄鱼也有自己的专属医生，不过它的医生不是鱼类，而是一种名叫牙签鸟的小鸟。牙签鸟和裂唇鱼一样细心、负责，每次都会把鳄鱼的嘴巴和身体全面地进行检查，这样既是为患者除去病菌，也是为自己寻找食物。

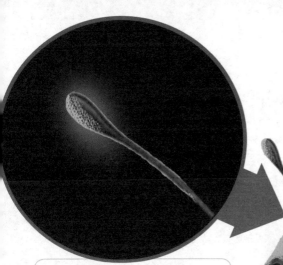

智慧大本营

琵琶鱼头顶上的"诱饵"就像一盏小灯笼，可以发出光芒。当琵琶鱼准备猎食时，会不停摇晃小灯笼，看到亮光的鱼儿们便纷纷游来，这时琵琶鱼张开大嘴，一口吞下鲜美的食物。不过，这个小灯笼也常常会引来敌人，这时琵琶鱼会迅速把灯笼塞进嘴巴，周围顿时一片黑暗，它们就趁机逃跑了！

为什么称琵琶鱼是 "海洋中的垂钓者"？

很多人都喜欢坐在水边，摆上鱼竿，悠闲地钓鱼。每当鱼竿剧烈晃动的时候，人们就会兴奋地收起鱼线，这时，一条活蹦乱跳的鱼就被拽出了水面。这是人们钓鱼的场景，然而，小朋友们知道吗，在海中，也有一个"垂钓者"呢！

这种被称为"海洋中的垂钓者"的生物就是琵琶鱼，学名叫作鮟鱇。人们为什么给它起了这样一个称号呢？原来，在雌性琵琶鱼的头部有一个钓竿状的结构。在这个"钓竿"的末端有一个肉质的突起，看上去就像是钓鱼时的鱼饵，而事实上琵琶鱼也正是靠着这个肉质突起来诱捕其他贪食的鱼类。它像人类一样，等待着鱼类"上钩"。

看来，琵琶鱼还真是一个垂钓者呢！

琵琶鱼是怎样出生的?

琵琶鱼的出生非常有趣,雌鱼排出若干枚成片凝胶状卵子,用以吸附随海水浮动的雄鱼的精子。随后,受精卵上浮到海面,过几天会重新沉落到海底,很快卵就会孵化出小琵琶鱼。

另外,在澳大利亚南部有一种琵琶鱼,其卵子的数量少、个头大,守护的雄鱼或雌鱼便常常利用体态丰满、逗人喜爱的受精卵招引好奇的猎物上钩,一举吞食。

琵琶鱼为什么又叫"怪胎"?

琵琶鱼不仅样子十分丑陋,还会发出像老人一样的咳嗽声,十分吓人。更令人奇怪的是,它的身体上竟然长着两个不同的背鳍,真是闻所未闻!

第一个背鳍和普通鱼儿不同,由5～6根鳍棘组成,棘顶端有麦穗一样的皮质穗;第二个背鳍位于尾巴,和一般鱼儿的几乎一样。瞧,这样的鱼能不是"怪胎"吗?

接吻鱼为什么喜欢"接吻"？

在众多鱼类当中，有这样一种鱼，它们非常有趣，会像人类一样接吻。

接吻鱼又叫"吻鱼""桃花鱼"，是热带鱼的一种。它们因为总是在亲吻而得名。那么，它们为什么这么热衷于"接吻"呢？

告诉你吧，接吻鱼的这种举动并不是像我们一样表达爱意哦，而仅仅是一种习性。除了亲吻同类，它们连鱼缸也亲！其实这是它们在啃食水族箱壁上的藻类和青苔。除此之外，很多人还认为接吻鱼的亲吻举动是为了保护自己的地盘，它们会用自己的长嘴唇来进行战斗。当一方胜利后，这种"接吻"行为才宣告结束。

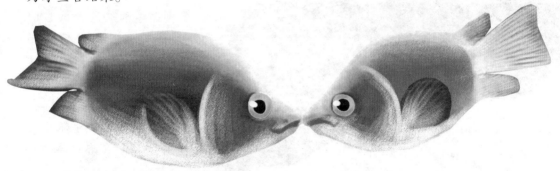

接吻鱼的故乡在东南亚的爪哇岛和婆罗洲岛。很早以前，当地居民发现接吻鱼不仅长得很可爱，而且很喜欢"接吻"，常常一个下午不会分开，简直令人惊讶！于是，人们便将这种鱼养在鱼缸中，观赏它们的"接吻"表演。慢慢地，这种鱼越传越远，竟然走到了世界各地，并受到了人们的喜爱。

智慧大本营

想要分辨出接吻鱼是雌还是雄比较困难，需要仔细观察。一般雄鱼体形瘦长，臀鳍稍微阔大，而且繁殖期会出现婚姻色，体色由肉红色转为紫色，闪闪有光泽。雌鱼体较雄鱼宽阔，臀鳍较小，怀卵期腹部明显膨大。

石头鱼为什么含有剧毒？

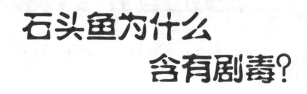

在海洋中，生活着一种叫石头鱼的鱼类。这种鱼类像石头一样，非常难看。可是，别看石头鱼相貌丑陋，它们可是自然界中毒性很强的一种鱼，人类更是无数次见识了石头鱼剧毒的威力。

如果有人被石头鱼的刺刺伤，毒素马上就会侵入人体，轻则造成肿痛，重则痉挛和昏迷。被它们的"致命一刺"刺中后的那种剧烈的疼痛，绝对会让人毕生难忘。

石头鱼的剧毒来自它们背部的几条毒鳍。在这些毒鳍下生有毒腺，每条毒腺都直通毒囊，囊内藏有令人胆寒的剧毒毒液。当石头鱼的毒鳍刺中猎物时，毒囊就会受到挤压，进而射出毒液，毒液会沿着毒腺及鳍射入猎物体内。

石头鱼

其实，石头鱼也并不是多么凶悍的动物，它们刺伤人也是逼不得已。当自己被无意间侵犯时，石头鱼会本能地喷出毒液，以此来保护自己。但是，不得不说，石头鱼确实是危险的鱼类，遇到它们时，还是远远避开为妙。

惹了我的下场可是很致命的哟！

智慧大本营

石头鱼身体厚圆，有很多瘤状突起物，且土黄色和橘黄色为主的皮肤会随环境不同而改变；它们常栖于海中的岩壁上，活像一块不起眼的石头。

石头鱼可以吃吗？

石头鱼有剧毒，那是不是说，我们就不能吃它了？

研究发现，石头鱼的毒素在背鳍，身体其他部分没有毒素，所以只要把背鳍部分剔除干净，就不用担心食后中毒。更让人没想到的是，石头鱼不仅肉质鲜嫩，骨刺很少，熬汤喝更是鲜美无比，而且经常食用，还可以强壮身体、保养肌肤呢！

一条从泥潭中跃出的弹涂鱼

石头鱼怎样捕食？

石头鱼生长在温暖的各种海藻丛生的大海岩礁底层，它们不是人工养殖，而是纯天然的，并且一年四季都有。

石头鱼丑丑的，看起来也笨笨的，但它们很善于伪装，捕食方法也很有趣，经常以守株待兔的方式等待食物。

由于颜色与石头很像，石头鱼常常歪着身子，或贴在礁石旁边，把自己伪装得像石头一样，看见路过的猎物，就把嘴巴张开，猛地一蹿，一口就吞掉猎物。另外，它背部的硬棘具有致命的剧毒，所以千万不要因为好奇而去招惹它。

弹涂鱼为什么又叫"泥猴"？

弹涂鱼这种古怪的鱼类可是非常惹人注意的呢！它还有一个非常滑稽的称号——泥猴，这个称呼是怎么来的呢？

原来，弹涂鱼身怀绝技，本领高强呢。它能够在泥上爬行、跳跃，行动非常敏捷，就像一个猴子似的，因此人们形象地称其为"泥猴"。

不仅如此，弹涂鱼除了动作像猴子一样灵活，它的头上还长着一双像猴子一样机灵的眼睛，它的眼睛有柄，能自由转动，视野十分开阔。这双大眼睛总是滴溜溜乱转，观察着周围的情况，活脱脱一个猴子的样子。这也是弹涂鱼被人们称为"泥猴"的原因之一。

弹涂鱼离开水
为什么不会死？

鱼儿离开了水会怎么样？聪明的小朋友一定会不假思索地说："鱼儿离开了水就会很快死去。"一般而言，的确是这样的。当鱼儿离开水面，它的鳃就会失水，粘在一起，不能进行呼吸，进而死去。然而，有一种鱼却可以离开水活很长的时间，它就是弹涂鱼。

弹涂鱼离开水能活很长时间，这是为什么呢？原来，在弹涂鱼的皮肤以及尾部，分布有非常丰富的血管。这些血管可以帮助弹涂鱼直接摄取空气中的氧气。不仅如此，弹涂鱼的皮肤还能进行呼吸。

此外，弹涂鱼的鳃腔非常大且密封，分布有很多的血管，这使其离开水面时，可以含上很大一口水，帮助自己进行呼吸，所以弹涂鱼离开水两三天也不会死亡。话又说回来了，弹涂鱼毕竟是鱼类，是不能长时间离开水的，但是它的生存能力还是值得我们赞叹的！

飞鱼真的会飞吗？

众所周知，鱼类是生活在水里的动物，当鱼类离开了赖以生存的水源，用不了多久就会奄奄一息，进而死去。然而，在众多的鱼类中，竟然有一种会飞的鱼，它们可以脱离水面在空中飞行，这就是飞鱼。

那么，飞鱼真的能飞上天空吗？科学家经过研究发现，飞鱼的这种"飞行"只是一种滑翔行为而已，它们并不能像鸟类一样展翅高飞。

事实上，每次飞鱼准备离开水面时，它们必须在水中高速游泳。游泳过程中飞鱼的胸鳍会紧贴身体两侧，尾部会用力拍水，接着整个身体好似离弦的箭一样向空中射出，进而跃出水面。此时，飞鱼就会打开长长的胸鳍和腹鳍快速向前滑翔。

不过，飞鱼的胸鳍和腹鳍并不像鸟类的翅膀一样可以扇动，它们的滑翔是靠尾部的推动力在空中做短暂的"飞行"而已。如果将飞鱼的尾鳍剪去，那么它们就再也不会飞出水面了！

智慧大本营

飞鱼可是不折不扣的运动健将哦，它们靠着自己流线型的体型，可以在海中以每秒10米的速度高速运动。厉害的是，飞鱼可以跳出水面十几米，其在空中可以停留长达40秒钟的时间，在此时间内，飞鱼最远可以飞行400多米的距离。

旗鱼为什么又被称为"海洋杀手"？

旗鱼是海洋中有名的"杀手"，它们体型非常大，足有2~3米长，体重可达300多千克。虽然身体较大，可是它们游起来却非常快，这让它们可以轻松追赶上猎物。

一条旗鱼正在凶猛地攻击章鱼

旗鱼是非常凶猛的鱼类，它们有极强的攻击力。它们那尖尖的长喙能够刺穿坚硬的物体，海洋中的动物自然很容易就被它们刺穿啦！在海洋中，它们总是在捕食鱼类以及章鱼等动物，这些动物遇到了旗鱼只能束手就擒。

为什么鳕鱼的血液到了零度以下都不会结冰？

冬天来了，天气变得寒冷起来，河里的水结成了厚厚的冰。在南极地区，温度非常低。在这种恶劣的环境中，生活着一种叫鳕鱼的鱼类，它能够在寒冷的水中生存下来。为什么鳕鱼的血液到了零度以下都不会结冰呢？

其实在鳕鱼的血液中，有一种名叫"抗冻蛋白质"的物质，这种抗冻蛋白质能降低鳕鱼血液的冰点。如果没有了这种抗冻蛋白质，鳕鱼的血液就将在$-1℃$时结冰，而有了抗冻蛋白质，鳕鱼的血液要在$-2.1℃$时才会冻结。因此，鳕鱼之所以能在南极那么低的水温里生存，它血液里的抗冻蛋白质可是功不可没哦！

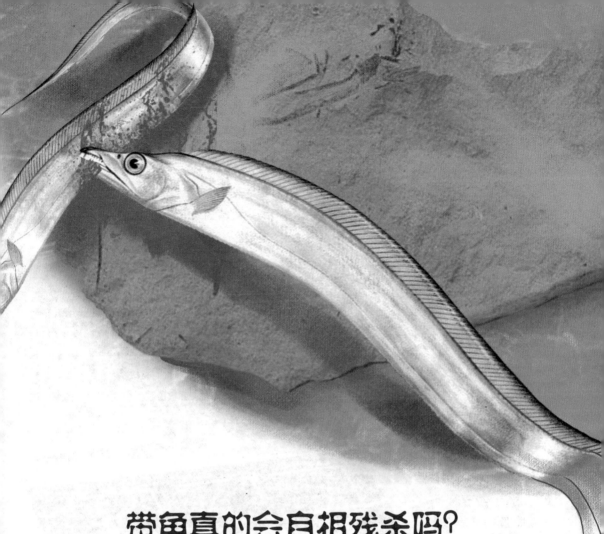

带鱼真的会自相残杀吗?

你认识身材苗条的带鱼吗？你吃过带鱼吗？带鱼可是人们非常熟悉的海洋鱼类，它那长长的、扁扁的样子给人留下了非常深刻的印象。有人说，带鱼是凶残的动物，总是会自相残杀，这是真的吗？

是的，带鱼经常对自己的同伴痛下杀手。带鱼之间经常会出现自相残杀的现象，每当带鱼饥饿的时候，它就会变得六亲不认，不管是父母还是兄弟全都乱咬一通。实力差不多的两条带鱼则相互搏斗，直到两败俱伤或一伤一亡才肯罢休，听了不禁让人胆寒。

带鱼的这一残暴性格也为它们带来了灾难，聪明的渔民利用带鱼的这种性格，将带鱼挂上鱼钩去钓带鱼，这样带鱼就会很轻易地上钩。更让人惊讶的是，当渔民钓鱼时，常常会出现一条带鱼上钩，另一条带鱼咬住上钩带鱼的尾巴也被钓上钩，甚至会有这样接二连三地拖上数十条带鱼的奇异现象。带鱼的凶残由此可见一斑。

为什么菜市场没有活带鱼卖？

去过菜市场的小朋友们都知道，买鱼一定要买那些活蹦乱跳的，因为这样的鱼是最新鲜的。但是，在菜市场中却从来都看不到活着的带鱼，这是为什么呢？

这是因为带鱼是生活在海水中的，海水的压力与盐度不同于淡水。海水中因含有大量的盐分，密度比淡水要大得多，因而海水中的压力要比淡水大得多。带鱼生活在深海中，受到巨大压力的影响，它们的身体结构及内脏已经适应了巨大的海水压力。当带鱼离开海洋，进入空气环境中时，空气的压力要比海水的压力小得多。此时，带鱼鳔内的空气因为压力降低而开始膨胀，进而爆裂，带鱼很快就会死去。

智慧大本营

由于淡水的盐度要大大低于海水的盐度，当带鱼进入淡水中时，受渗透压的影响，水会大量进入鱼体细胞内，充水细胞的血液组织会遭到破坏，使循环功能失调，进而促使鱼死去。

黄花鱼脑袋里面为什么有石头？

很多人都以为黄花鱼头中的石块是不小心撞上去的或者是不小心吞食后无法消化而留下的。事实上并不是这样，其实这两块石头是耳石。不过，不要以为这不起眼的石块没有什么用哦，它可是能够起到调节黄花鱼身体平衡的功能呢。当黄花鱼在运动的时候，内耳中的淋巴液也会随之运动，这时耳石就会发生偏移，黄花鱼也就能够凭着这些信息调节自己的身体平衡。

黄花鱼为什么总喜欢大声叫喊呢？

黄花鱼有一个很奇特的小爱好，它们总是隔段时间就发出很大的声响，叫声大得惊人，让人很难与身体很小的它们联系在一起。不仅如此，它们还对我们的音响非常感兴趣，难道它们也喜欢听音乐？

科学家对此也非常好奇，经过研究发现，这些特立独行的家伙们发出的声音其实是声肌收缩时，内脏和鳔产生振动发出的声响。所以，当我们听到水中有"咯咯""呜呜"的叫声，千万不要害怕哦！

黄花鱼为什么这么喜欢大声叫呢？人们猜测这是它们之间寻找兄弟姐妹的方法，也有可能是像我们的大喇叭一样，喊叫同伴们集合呢！

呜呜

117

瞻星鱼

有能发电的鱼吗?

电是我们生活中不可缺少的能源，我们使用的手机、电视、电冰箱、空调等众多电器都是离不开电的。由此可见，电力对我们是多么的重要。我们的电是靠发电机产生的。有意思的是，在海洋河湖中却有很多的鱼能够发电。听上去是不是很有趣呢?

其实，水下生活的动物发电主要还是为了保护自己和捕食猎物用的。据科

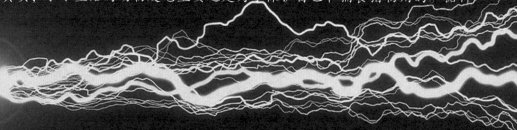

学家们统计，世界上有多达500多种鱼类可以发电，其中有250余种鱼具有特殊的发电器官，能够发射出较为强大的电流，比如电鳐、瞻星鱼、长吻鱼、电鳗等。

电鳐是发电能手之一，它们可是懒家伙呢，总是懒洋洋的样子，不喜欢游动，大部分时间是将身体埋于海底的泥或沙中消磨时光。为了生存下去，它们就学会了发电的本领。这样一来，它们就可以在不用游动、不耗费体力的情况下去追逐猎物了。

电鳗可以随意控制放电时间和强度，它们发出的电流能轻而易举地击毙水中的小鱼、虾及其他的小动物，有时还会击毙比它们大的动物，比如正在河里涉水的马和游泳的牛。

智慧大÷蕾

会放电的鱼体内有一种放电器官，当它们静止不动时，体内的细胞组织不放电，可一旦受到某种刺激，大脑就会接收到神经信号，同时放电细胞产生生物电能，立即从不放电状态变成放电状态。

电鳐

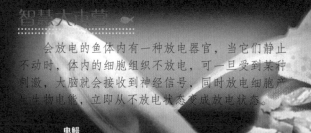
电鳗

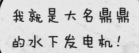

我就是大名鼎鼎的水下发电机！

电鳗为什么能放电？

在南美亚马孙河中，有一种叫电鳗的鱼类，它在淡水中生活，成年后，雌性电鳗会洄游到海洋中产卵。电鳗可是非常厉害的呢，可以放出电流，被称作"活的发电机"。那么，电鳗的这种本领是怎么来的呢？

在电鳗尾巴的两侧，分布有肌肉群，该肌肉群是由规则排列着的6000～10000枚肌肉薄片组成的。在这些薄片之间有结缔组织相隔，并有许多神经直通中枢神经系统。

一定有小朋友产生疑问："这么薄的肌肉片能有多大作用呢？"不要小瞧它们哦，事实上，这些肌肉片就像是一个个小电池，虽然每个肌肉片只能产生150毫伏的电压，但是多达万个小电池就可以产生很高的电压。当这些电流流向电鳗头部的感受器时，就会在电鳗的身体周围形成一个弱电场。

怎么样，电鳗的这个本领很厉害吧？

智慧大本营

电鳗虽然有强大的放电本领，不过这也成为它们的弱点。当电鳗连续放电后，就需要一段时间才能恢复过来。也正因为如此，很多的渔民会将一群牛马赶下水去，让电鳗不停地放电，最后就会筋疲力尽。此时，渔民就可以轻易将它们抓获了。

盲鳗是如何吃掉大鱼的?

你听说过盲鳗吗?

它因为长相与鳗鱼相似，且没有视力而得名。其实，盲鳗是有眼睛的，但是它的眼睛没有视力，只是一个摆设。即使看不见，盲鳗依然非常厉害，它居然能够吃掉比它大数倍的大鱼。

盲鳗虽然眼睛看不见，但是它却有一个钻肚子的本领，它的嘴巴呈钻孔状，舌强而有力，上面生有强大的梳状角质齿，这种钻头一样的器官可以让它轻松地刺破大鱼的肚皮，加上它那锋利的牙齿，自然就可以攻击比它大得多的鱼类了。

当盲鳗钻进大鱼肚子中后，它会先把大鱼的内脏吃掉，接着吃光鱼肉，最后只留下大鱼的一副骨架，这时盲鳗就心满意足地钻出来，寻找下一个猎物了。

这家伙可是相当能吃呢! 它会一边吃一边排泄，1小时能吃掉相当于自身体重2.5倍的食物。看来，盲鳗可真是个不折不扣的狠角色!

海鳗是海里的暴力狂吗?

海鳗是海洋中较为常见的一种鱼类，它们生性凶猛，是很多海洋生物都不愿意遇到的敌人。海鳗可是十足的暴力狂，它们总是攻击其他的动物，被捉到的猎物往往被撕咬得面目全非。虽然体长只有60厘米，可是它们却可以吞食非常大的猎物，在吞食猎物时，你可以很真切地感受到它们的凶残和贪婪。

在捕食到猎物时，大多数鱼类会先将猎物吸食进口中，然后用咽部的骨骼来处理它们。可是海鳗却并非如此，当海鳗捕食时，它们会以闪电般的速度向猎物靠近，然后会将身体盘卷在猎物身体上，接着用前颚紧紧地咬住猎物，用力地撕咬猎物的身体，每一口都会撕下一大块肉来，在将猎物咬得面目全非之后，海鳗才会将它吞下肚去。

海鳗的这种吞食方式非常独特，是迄今发现的唯一采用这种特殊方式进食的生物。

海鳗攻击鲨鱼

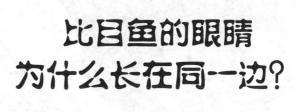

比目鱼的眼睛
为什么长在同一边？

在海洋中有一种叫作"比目鱼"的鱼类，这种鱼类非常特殊，它们的双眼都长在身体的一侧，看上去非常古怪。

如果你看到了比目鱼，一定会感到惊讶，它们的眼睛不像我们一样对称地长在脸的左右两侧，而是集中在身体前部的一侧，并且两只眼睛非常靠近，乍一看还以为它们对眼了呢！没有哪一种鱼会像比目鱼一样，眼睛长在一起，这也让比目鱼显得非常特别。

比目鱼的眼睛为什么长在了同一边呢？其实，这是比目鱼为了适应生存环境而不断进化的结果。在海洋世界有很多的凶猛的鱼类和海兽，比目鱼无法抵抗它们的攻击，只好不断提高自己的躲避技能，当它们休息的时候，就会平躺在海底，然后给自己盖上一层沙子当棉被。不但睡得舒服，还可以躲避敌人的袭击。与此同时，它们的眼睛却四处打量，寻找可以捕捉的猎物。这样一来，它们的眼睛长在一侧的优势就显示出来了。相信连猎物也想不到比目鱼还有这么奇怪的本事呢！

奇怪了，找不到它了！

惹不起我躲得起！

121

比目鱼为什么会变色？

在海洋中有很多会变色的高手，比目鱼就是其中之一。

比目鱼喜欢在海底活动，它们经常会将自己的一半身体埋在沙子中，然后露出眼睛四处观察。在这时，它们的身体颜色会变得和周围的环境相似，这很好地隐蔽了自己。当猎物出现时，比目鱼就会猛然跃起，向猎物扑去。

那么，比目鱼为什么会变色呢？原来，比目鱼的眼睛非常特别，它们可以敏锐地感受到外界环境的颜色而受到极大的刺激，此时比目鱼的眼睛就会因受到外界刺激而将颜色信息通过神经系统提示给大脑，比目鱼就会改变皮肤细胞所含色素微粒的排列方式，从而改变了皮肤的颜色。

比目鱼一出生两眼就长在一起吗？

比目鱼的两只眼睛长在了同一侧，但比目鱼这种奇异相貌并不是与生俱来的。刚孵化出来的小比目鱼的眼睛也是生在两边的，而当它长到3厘米长的时候，眼睛就开始移动了。小比目鱼一侧的眼睛开始向头的上方一点一点移动，渐渐地眼睛就越过头的上缘移到另外一侧了，直到接近另一只眼睛为止。比目鱼这种奇特的身体变化，真是让人目瞪口呆啊！

为什么豹鳎能制服大鲨鱼？

听到大鲨鱼的名字，小朋友们一定会感到非常害怕吧！是啊，巨大的鲨鱼是一个十分凶残的家伙，它的牙齿锋利无比，本性十分残暴，在大海中遇到这些狂魔，无疑是一件非常不幸的事情。

然而，就是这样一种凶残的大家伙却总是被瘦弱无力的豹鳎（tǎ）制服，真是让人大跌眼镜。

豹鳎是比目鱼的一种。那么，豹鳎究竟是怎样制服大鲨鱼的呢？原来，虽然豹鳎身体比鲨鱼小上很多，但是它却可以排泄出一种乳白色的液体，这种液体有着非常强的毒性。据科学家研究分析，这种液体在水中可以扩散到其体积5000倍的地方，一些较小的海洋生物能够被这种液体毒死。

当鲨鱼吞食了带有这种毒液的豹鳎时，它的嘴巴就会变得异常僵硬，甚至不能合拢，鲨鱼只好灰溜溜地逃走了。更厉害的是，几分钟后，鲨鱼的嘴巴会恢复正常，但是它要是还敢再吃带有这种毒液的食物的话，那么它的小命可就不保喽！

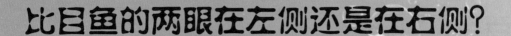

比目鱼的两眼在左侧还是在右侧?

比目鱼的两只眼睛长在了同一侧，看上去非常怪异且滑稽。那么，这两只眼睛究竟是长在它们脸部的左侧还是右侧，还是因"鱼"而异呢?

其实，比目鱼两只眼睛的位置并不是随心所欲地安排的，其是由遗传基因决定的。如果小比目鱼爸爸妈妈的眼睛长在了左侧，那么，小比目鱼的眼睛正常情况下也会长在左侧。

比目鱼是成对游动的吗？

小朋友们都知道，比目鱼的两只眼睛是长在同一边的，非常特别。可是，眼睛长在同一边，比目鱼就只能看到一面的东西了，这样一来，它们怎么游动呢？

由于比目鱼的眼睛长在了一边，使得它们游动的时候，仍然是贴着海底，两眼朝上躺着游。这样它一边游动，一边可以观察周围的环境。古代的人们不了解比目鱼的生活习性，想当然地以为雌雄两条比目鱼会合在一起游动，给它们赋予了爱情的象征。其实这是错误的。

深海中的鱼为什么会发光？

深海世界是一个寒冷黑暗的地域。然而，就是在如此恶劣的环境下，却生存着无数的海洋生物，它们究竟有什么本领，竟然可以在如此黑暗的地方一直生活着呢？事实上，这些生活在深海的动物至少有44%的鱼类具备自身发光的本领，这极大地方便了它们捕捉食物和寻找方向与同伴。

虽然这些动物发出的光是极其微弱的，但是却起着巨大的作用。它不仅可以帮助深海动物捕食猎物，还可以与自己的种群取得联系。更为神奇的是，这点微弱的亮光还成为很多深海动物吸引异性的重要方法。除此之外，一些深海动物还可以利用发出的光来迷惑敌人，进而起到保护自己的目的。

智慧大本营

在海洋中生活着一种叫相尝鱼的鱼类，它们的身体上有多达700多个发光器，可以发出很强的白光。当它们发光时，周围黑暗的海水就会被照亮，它们便可以横冲直撞了。

深海的鱼类为什么能够承受巨大的水压？

当潜水员潜入海中时，他们需要穿上特制的潜水服，这样才能抵抗海洋强大的水压。可是那些鱼类为什么可以在深海地区自由自在地游动呢？

其实，在深海地区生活的动物开始也是无法适应海中巨大的压力的。但是为了生存，这些动物只好不停地进化，在长时间的进化历史中，海底生物便逐渐适应了海水的巨大压力，它们的内外部结构像骨骼、肌肉等都非常富有弹性，这让它们的身体能够很好地适应外界的压力。它们非但不觉得憋闷，反而生活得十分惬意。甚至当它们被捕捞离开水面后，压力发生变化，它们反而会受不了。

为什么许多深海鱼的眼睛特别大？

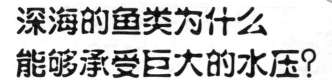

可别忘了深海里还有眼睛大大、耐高压的我们哦！

在海洋中，生活着的鱼类多得数也数不清，它们形态各异，有大有小。对比在深海生活的鱼类与浅海生活的鱼类，你会发现一个奇怪的现象：深海鱼类的眼睛都特别大。这是为什么呢？

其实，这是阳光照射不同造成的。生活在浅海地区的鱼类，它们的眼睛是正常的。生活在水深150～500米的鱼类，其眼睛就会比浅海地区的鱼类眼睛大一些。而如果海洋的深度到了1000米以上的话，就几乎见不到阳光了。正因为如此，生活在深水地区的鱼类的眼睛都是非常大的，它们的眼睛晶体十分大，在视网膜上长有非常发达的杆状细胞，深海鱼类在弱光下的视觉主要是靠这种细胞起作用的。

为什么很多深海鱼的视力都很差?

如果小朋友们看书、写字的时候不注意坐姿，眼睛就非常容易近视。

其实，生活在深海区的鱼类大多有"近视眼"，视力非常差。这是因为鱼类的晶状体是圆球形状的，而较远地方的物体反射的光线通过晶状体折射而形成的物体影像只能落在视网膜的前方。这样一来，鱼类就无法看清楚远方的物体了。

不仅如此，深海地区的光线较暗，只有十分微弱的光线照入，生活在此地区的鱼类没有太多阳光的帮助，自然不能像浅海地区的鱼类那样看得稍远一些。

鱼鳞有什么作用?

在大部分鱼的身上都布满了鳞片，那么，小朋友们知道这些鱼鳞有什么作用吗?

告诉你吧，鱼鳞占鱼体重的2%～3%，别看这些鱼鳞很小，它们的作用却是非常大的。鱼鳞通常是银色的，能反射和折射亮光，这让鱼类可以一定程度上伪装自己。鳞片还为鱼体提供了一道保护屏障，让鱼类很大程度上避免了感染和疾病。

值得一提的是，鱼鳞可是鱼的一层外部骨架呢，它们可以让鱼体保持一定的外形，而鳞片还可以减少水体对鱼游泳时的阻力。此外，鱼鳞片上环生的年轮(每轮表示过一冬)还能够记录鱼的年龄。看来，鱼鳞的作用还真是不少呢!

剑鱼攻击船只

剑鱼
能刺死人吗?

在海洋中有这样一种鱼,它的上颌又尖又长,很像一把锋利的宝剑,为此它得到了一个霸气的名字——剑鱼。

小朋友们一定在想:"剑鱼真的有这么厉害吗?它能刺死人吗?"其实,剑鱼是一种大型的凶猛鱼类,最长的剑鱼能够达到6米,体重达到了300多千克。在捕食时,剑鱼会使劲冲击鱼群,然后用自己的"宝剑"进行刺杀,待猎物死后便将其吞食掉。然而,剑鱼生性胆怯,总会避开大型鱼类。但是,当其被激怒时,就会向大型鱼类或船只猛烈冲去。它甚至可以将自己的"宝剑"插入小船的木板中去。看来,剑鱼认真起来还是可以刺死人的哦!

射水鱼为什么被誉为"神射手"?

在水中生活着一种非常奇异的鱼类，它们像神枪手一样，可以精确地打击目标。这种鱼是谁呢？这种神奇的鱼就是射水鱼。射水鱼被称为水中的"神射手"，小朋友们知道这是为什么吗？原来，它们的本领就是可以精确地射落昆虫。当它们在水中时，它们会仔细地观察周围的情况，对于那些快速飞行、毫无防备的昆虫怎么也想不到在它们身后有一双锐利的眼睛。射水鱼总是会用最快的速度从口中射出一股水流，就像是一把手枪精确地将昆虫射落，然后它们就能冲上去饱餐一顿。由此可见，射水鱼是当之无愧的"神射手"。

我们可是水下第一神射手哦！

智慧大本营

据研究，射水鱼射出的水流最高达5米，如果从它们的体重大小和射水距离的比例来看，几乎和高射炮打飞机不相上下。但是射水鱼的打击精确度却要比高射炮更加精确。

射水鱼是
如何被发现的?

　　射水鱼这种奇特的鱼类是怎么被发现的呢? 想要
知道这个答案, 就需要从一段有趣的故事讲起。

　　射水鱼主要分布于印度、马来西亚、澳大利亚及菲律宾一
带的海边红树林地带, 它们既可以在海水中生存, 也能够在淡水
中生存。据说射水鱼最早是被爪哇首都医院的一名院长发现的, 他
对这种鱼非常感兴趣, 并打算将其介绍给欧洲人。但是他却错把一尾
长吻蝴蝶鱼送了过去。欧洲的学者发现其并不会喷水, 于是就没有在
意, 也没有人相信世界上有会喷水的鱼的存在。

　　1902年, 一位俄国科学家获得了几条射水鱼的活标本, 并将它们养
在了一个水族馆内, 这时, 人们才最终相信世界上的确存在这种神奇
的鱼类。

哇！这种鱼真厉害啊！

射水鱼为什么要射人呢？

射水鱼是水族馆中的"大红人"，可是每当人们靠近它们时，它们总会朝人们喷射水流。这是为什么呢？原来，当射水鱼的鳃盖突然受力挤压时，它们就会将鳃腔里的水压到口腔。而它们的舌头会往上压，与上颚的沟形成一条管子，此时，它们就可以将水流有力地射出去。当饲养人员或者观众想要靠近射水鱼时，他们的眼睛一眨一眨的，射水鱼便将其当成了活动着的小昆虫。出于本能，射水鱼便将水流使劲射了出来。看来，射水鱼并不是有意针对人类的，而只是自己的误会罢了！

盒子鱼是什么鱼？

你知道盒子鱼吗？其实它还有个名字叫作箱鲀。箱鲀的身体上除了眼、口、鳍和尾部之外都被一个盒状骨架包围着。正因如此，它在游泳时完全依靠背鳍和臀鳍地慢慢摆动，身体也不能像其他鲀类能够胀大、弯曲。而且箱鲀的鳃盖无法活动，呼吸时只能张开嘴巴，让水从口腔流入鳃部。

鱼也会伪装吗？

　　自然界充满了各种危险，那些身体弱小的动物们总是受到其他强大动物的攻击。为了保护自己，很多小动物学会了伪装自己，以此来躲避敌人的攻击。在陆地上，像变色龙、北极狐等动物都能够根据环境来改变自己身体或者毛的颜色，使自己不被轻易发现。那么，鱼会伪装吗？

　　当然了，鱼也是会伪装的。很多鱼为了保护自己，使自己的样子同其他的物体很相像，用于隐藏自己和保护自己。像外形十分丑陋的石头鱼，它们身上长满了小斑点，一动不动时非常像是一块石头，这不仅迷惑了敌人，更让猎物们浑然不觉。

　　鳎鱼的体色与周围环境非常像，当它们静静地伏在海底，可以与泥沙完美地混淆，从而避免引起敌人的注意和袭击。

　　再如一种叫"叶海龙"的鱼类，在它们的身上长着很多棘状或膜状的突起，当它们在水中伸展开来，就像是一片海藻，这让它们可以逃脱敌人的攻击。

　　还有管口鱼，这种鱼身体细长，平时以岩石中的海藻为食，遇到危险或捕食，就会把身体变成海藻的颜色。由此可见，伪装在鱼类家族中并不是什么稀奇事，它们可是十分擅长这种项目的。

海水鱼为什么不会变咸鱼？

海水是非常咸的，是不能被饮用的。但是海水中的鱼却能够自由自在地游来游去，一点也没有不适应的感觉。更为奇怪的是，海洋中的鱼类在海水中生活了很长的时间，可是它们却不会变咸鱼，让人感到非常诧异。

经过调查，科学家们才知道了真相。原来，在鱼的身体中存在着一套调节渗透压的组织结构。其可以帮助鱼类调节体内的含盐量。在鱼的鳃丝上长有一种用于排盐的细胞。鱼类通过这种细胞可以有效地将进入体内的盐分排出体外。与此同时，鱼类还能够喝上很多的海水，补充自己体内散失的水分。

这样一来，鱼类就可以在盐度非常高的海水中使自己的体液始终保持稳定的盐浓度。也正因为如此，海水鱼才不会变咸鱼。

鱼的血有白色的吗？

我们都知道，当我们的身体某一个部位被划破时，鲜红的血就会立刻流出来。鱼类的血液虽然很少，但也是红色的。血液之所以是红色的，是因为血液中含有血红素的缘故。

那么，鱼类除了红色的血液外，还有没有其他颜色的血液吗？答案是肯定的。在南极地区生活着一种非常奇怪的鱼，它们的血液就不是红色的，而是白色的，人们称它们"白血鱼"。

为什么这种鱼的血液是白色的呢？是不是它们生病了呢？当然不是了，白血鱼的血液之所以是白色的，是因为它们的血液中没有血红素。缺少了血红素，白血鱼的血液当然就不会是正常的红色喽！

金枪鱼为什么要不停地游动？

金枪鱼是众多海洋鱼类中的一种，它们身手矫健，游泳速度极快，身体又有着金属般的光泽，游动时像一支金枪一样刺破水流，因此被人们称为"金枪鱼"。有趣的是，金枪鱼总是在不停地游动，好像永远不知疲倦。为什么它们要不停地游动呢？

事实上，金枪鱼之所以总是不停地游动，是因为它们的鳃肌已经退化了。只有通过不停游动，它们才能使新鲜的水流流过鳃部进而获取氧气。如果金枪鱼停止游动，那它们很快就会因为缺氧而窒息死亡。所以为了生存，金枪鱼一生都必须处于游泳状态，是不是很可怜？

智慧大本营

金枪鱼被称为"没有国界的鱼类"，这是因为它们能做跨洋环游。据研究，金枪鱼全速游动时时速可达55海里，每天可游230千米。更值得骄傲的是，它们是唯一能长距离快速游泳的大型鱼类呢！

水里的"皮球"是什么？

在海洋上航行的人有时会看到像皮球一样的东西漂浮在海面上，这究竟是什么呢？

其实这就是有名的河豚了，河豚将自己鼓起来的时候，看起来活脱脱就是一个大皮球。可是河豚为什么要这样做呢？原来，由于身体浑圆笨拙，河豚在水中游动的速度很慢，这让它成为很多动物的猎食目标。为了保护自己，河豚演化出了独特的自卫方法。当河豚受到威胁时，它能够快速地将水或空气吸入极具弹性的胃中，在短时间内膨胀成数倍大小，膨胀时全身的刺便会竖起，令掠食者难以吞食。

灯笼鱼真的有灯笼吗?

在漆黑的海洋深处，时常出现游动的点点"灯火"，给宁静的海底世界带来了生命的气息。其实这是海洋鱼类发出的光。在发出光的许多鱼类中，灯笼鱼就是其中的一种。

那么，灯笼鱼的名字是怎么来的呢？它真的有灯笼吗？事实上，在灯笼鱼眼睛附近，身体侧线下方和尾柄上，有排列成行或成群的圆形发光器。发光器能够发出红色和蓝色等各种颜色的光，远远望去，非常像节日期间张挂的彩灯。有的灯笼鱼头部还有一个特别大的发光球，像极了一盏盏灯笼，因此得名。

灯笼鱼究竟是怎样发光的呢？原来，灯笼鱼的发光器是由皮肤腺细胞特化成的发光细胞组成的。这种细胞十分奇特，它能够分泌出一种含有磷的腺液，这种腺液可以被血液中的氧气所氧化，在氧化过程中就会发出荧光。

海洋中的模特是谁?

小朋友们知道谁才是海洋中的模特吗？告诉你吧，那就是蝶鱼。蝶鱼称得上是海洋中的服装模特，它们体表的颜色千差万别，五彩斑斓的颜色让人眼花缭乱，像置身于移动的花丛中。当大群的蝶鱼汇集在一起时，它们各式各样的颜色一定会让你目不暇接。

如果你拿起相机拍摄的话，你会发现照片中没有任何两条蝶鱼的纹路是完全一样的。这时候你就会由衷地感叹造物主是多么神奇，蝶鱼是多么美丽。而当你再去看其他鱼群时，顿时就会觉得黯然失色，它们再美丽也仅仅是一两种色彩，无论如何也不会有蝶鱼这么多的"花衣服"！

一群美丽的蝶鱼

海里有"神仙"吗?

在神话故事中，神仙都是法力高强的厉害角色，他们法力无边，能够降服各种妖魔鬼怪。然而，在海中有一种被称为"神仙鱼"的鱼类，难道它们像神仙一样本领高强吗？

其实，神仙鱼并没有什么本领，它们之所以被称为"神仙鱼"，是因为它们外形美丽，很像是一个个小天使。神仙鱼的体长一般在12~15厘米，最高可达20厘米。神仙鱼有一个非常小的脑袋，这个小脑袋的前端尖尖的，一张小嘴嘟着，实在是太可爱了！神仙鱼游动的样子非常优美，就像一只燕子在自由地翱翔。它们那美丽的外表加上优美的游姿，难怪人们称它们为"神仙鱼"呢！

神仙鱼

智慧大本营

神仙鱼性情非常温和，其对生活环境的要求也不高。但是在养殖时一定要注意不可以将它们与虎皮鱼和孔雀鱼养在一起。因为这些鱼总是喜欢啃咬神仙鱼的臀鳍和尾鳍，这会对神仙鱼美丽的"花衣服"造成一定的损害。

麒麟鱼

呵呵，我和麒麟鱼是一种风格哦！

麒麟鱼的名字是怎样来的？

在海洋中生活着一种叫麒麟鱼的鱼类，主要生活在东海与澳大利亚北部之间的太平洋中，又叫满洲鱼或者青蛙鱼。麒麟鱼可是高贵的鱼类，艳丽的外表让它们知名度非常高。它们的身体主要由橙色、黄色和蓝色组成，整个身体色彩斑斓，十分美丽。正因为此，潜水爱好者和摄影师都对其青睐有加。

你一定很好奇麒麟鱼名字的由来吧？麒麟鱼的名字源于它身上的花纹。让人很容易就联想到19世纪中国清代官员穿着的丝制袍服，因此人们给它们取了这个古怪的名字。而这种穿着"袍服"的鱼类也得到了人们的喜爱。

为什么鲑鱼很受人们欢迎？

海洋中的鲑鱼是一种较为常见的鱼类。它的身体扁扁的，背部稍稍隆起，让人感觉它像驼背了似的。但是，就是这样一种其貌不扬的鱼类却深受人们的欢迎。这是为什么呢？原来，鲑鱼的肉非常鲜美，肉质也非常细嫩，吃起来口感爽滑，很有嚼劲，令人回味无穷。不仅如此，鲑鱼的刺非常少，你不必担心鱼刺卡到喉咙的情况发生。

此外，鲑鱼还是治病的良药呢！它可以养胃、抗疲劳，而且可以治疗消瘦、水肿、消化不良等症状。鲑鱼营养丰富，在它体内含有丰富的不饱和脂肪酸，能有效降低血脂和血胆固醇，预防心血管疾病，让人们受益良多，所以素有"水中珍品"的美誉。

海鸟家族有哪些成员?

海鸟家族是非常庞大的,那么,这个家族究竟有多少成员呢?

具体说来,世界上的海鸟种类约有350种,其中大洋性海鸟约150种。在海鸟家族中,信天翁、海燕、海鸥、鹈鹕等海鸟都是非常著名的。而我们不知道的甚至没有见过的海鸟就更多了。

海鸟也要迁徙吗?

海鸟是一种能够适应海洋气候环境的鸟类,不过和许多鸟类一样,很多海鸟也有迁徙的习惯。

事实上,全世界的鸟类中超过三分之一都会进行距离不等的迁徙,这其中就包括大量的海鸟。受到气温变化或者食物的影响,很多海鸟也会进行迁徙,比如威尔逊海燕每年都会在6~8月离开南极洲边缘的聚居地,飞向纽芬兰岛,以此来获取更为丰富的食物。

海鸟为什么
可以喝海水？

我们都知道，海水中包含有很多的盐分，这使海水又苦又涩，根本无法饮用。然而，生活在海上的海鸟却可以悠闲自在地喝海水，这是为什么呢？

原因在于，海鸟有一套自己独特的海水淡化装置，这就是海鸟体内的排盐腺。它们通过排盐腺将体内过剩的盐分排出。海鸟的这种淡化海水装置位于眼窝上部，但是排出液体的部位却位于鼻孔内。

如果小朋友们有机会的话，可以看到海鸟会不时地从喙上部的鼻孔中排出一个个亮晶晶的水滴。这个水滴其实就是盐腺排出的含有大量盐分的黏液。因此，当你给海鸟喂食非常咸的食物时，它们的鼻孔就会流水，就好像它们得了重感冒似的。也正因为海鸟有这样一个排盐通道，它们才敢大口大口地喝海水解渴了。

有趣的是，当海鸟饮用没有盐分的淡水时，它们却非常不适应了，甚至还有生命危险呢！

为什么海鸥是海上的"天气预报员"？

很多人都将海鸥称作是海上的"天气预报员"，那么，海鸥真的可以预报天气吗？

事实的确如此，海上的天气瞬息万变，而海鸥却能够觉察到天气的变化。当海上天气晴朗的时候，海鸥就会贴着海面飞行。而当天气变坏时，海鸥则会沿着海边不停徘徊。如果有暴风雨即将来临时，海鸥们就会成群结队地聚集在沙滩上或者岩石缝中。航行在海洋上的船员们可以根据海鸥的飞行情况判断天气的变化。因此，海鸥被称为是海上的"天气预报员"。

那么，海鸥为什么可以预知天气的变化呢？原来，它们骨骼是空心管状的，里面充满了空气，就像是一个气压表，能及时地预知天气变化。

智慧大本营

海鸥除了捕食一些鱼虾外，它们还非常喜欢吃邮轮上抛弃的剩饭，这极大地降低了这些废弃物对海洋的污染。也正因为如此，海鸥也被人们称为"海港清洁工"。

海鸥为什么会随着轮船飞行？

在海洋上航行的人总会发现这样一个有趣的现象：成群的海鸥总是喜欢跟随着轮船飞行，轮船走到哪里，海鸥就跟到哪里。

这是因为轮船在航行的过程中受到了空气以及海水的阻力作用，使得轮船的上空产生了一股较强的上升气流。海鸥可是聪明的家伙，它们总是会利用这股上升的气流而丝毫不费力地托住身子飞翔，进而保存自己的体力。

不仅如此，轮船在航行的过程中会激起巨大的浪花，一些鱼虾会被这些浪花击晕，漂浮在水面上。海鸥则会以飞快的速度叼住它们，然后美餐一顿。既不用耗费很大的体力去进行长途飞行，也不用辛辛苦苦地去捕捉猎物。难怪海鸥如此喜欢跟随着轮船飞行呢！

为什么白头海雕又叫作"强盗鸟"？

在电影中常常会有海盗打劫货船的场面，那些海盗一个个看起来凶神恶煞的。有趣的是，在海上还存在着一种"强盗鸟"，它的学名叫作白头海雕。

白头海雕的拿手好戏就是在海上"拦路抢劫"，掠夺别的动物的食物。一般情况下，它抢夺的对象主要是捕鱼能手鹗。鹗的体型要比白头海雕稍小一些，因此常受到白头海雕的欺负。当鹗在水中捕到鱼并准备找个地方好好大吃一顿的时候，白头海雕就会突然出现，然后向鹗发动迅猛的攻击。抵挡不住白头海雕的攻击，鹗只好将刚刚抓到的鱼抛弃。这时，白头海雕就会立即将食物在空中叼住，然后飞到一边去享受这"胜利的果实"了。

为什么说信天翁
是真正的海洋之鸟？

在海洋上，总是飞翔着很多的鸟，它们不辞辛苦，在大海上空坚毅地飞翔着。然而，在众多的海鸟中却只有一种鸟被称为是真正的海洋之鸟，它们就是信天翁。

信天翁是14种大型海鸟的统称，它们非常善于滑翔，这让它们可以在大海上进行长距离的滑行。当海面上起风时，信天翁就可以借助风力在空中停留几小时而无须拍动自己又长又窄的翅膀。当没有风的时候，它们就会漂浮在水面上。当渴了的时候，它们就会喝海水解渴，饿了则捕食墨鱼充饥，也常跟随海船吃船上的剩食。

在大部分时间内，信天翁都是生活在海上的，仅在繁殖的时候才会登上海岛。它们的寿命非常长，平均寿命可达到三十年。也正因为如此，水手们对信天翁十分敬畏，认为杀死信天翁会带来厄运。

孵化期的信天翁

智慧大本营

信天翁是一种很有趣的鸟，它们每年只产一枚卵，是产卵最少的鸟。另外，它们还敢吃含有剧毒的水母，简直令人无法相信！

142

为什么称信天翁是"风之骄子"？

信天翁的生活是离不开风的。它们的身体太重了，以至于不借助外力的话根本就无法飞行。也正因为如此，信天翁总是借助较强的风才能逆风起飞，有时还要助跑或从悬崖边缘起飞。因此，它们非常喜欢在风势大的山坡地区筑巢，以此来更好地帮助自己飞行。

通过风力，信天翁可以非常轻松地逆风起飞，并能够长时间滑行。有时为了寻找食物，它们可以在一个星期内飞行8000多千米，甚至曾有信天翁在海上流浪了15000多千米。而当没有风的时候，它们就只好漂浮在水面上了。由此可见，信天翁还真是"风之骄子"呢！

企鹅为什么不怕冷？

冬天来了，气温变得非常低，走在大街上会感到阵阵寒意。这时，每个人都会穿上厚厚的衣服以抵御严寒。然而，在更加寒冷的南极大陆，生活着无数的企鹅，它们在冰天雪地中站立，并没有穿上厚厚的衣服。它们为什么不怕冷呢？这是因为在企鹅的身上长满了既密又软的羽毛，这些羽毛非常特别，像瓦片一样一层又一层地盖住了企鹅的身体，将企鹅的身体包裹得严严实实，甚至连水都透不进去。不仅如此，在这层羽毛下面还生长了很厚实的绒毛，这层绒毛又暖又软，能够很好地抵御严寒。企鹅有这样一件"羽绒服"，难怪它们根本不惧怕严寒呢！

为什么企鹅生活在南极而不是北极？

北极和南极一样，也是一个冰天雪地的白色世界。它们的自然条件差不多，为什么企鹅偏偏生活在南极，而北极却没有它们的身影呢？

其实在很久很久以前，北极地区也是有企鹅的，它们被称为"大企鹅"，也叫"大海雀"。同南极企鹅一样，它们的背部羽毛也是黑色的，而腹部雪白无比。它们走起路来一摇一晃，非常滑稽笨拙。但是当它们在水中时却非常灵活。它们没有什么防身武器，这让它们无法与生活在北极地区的哺乳动物们抗衡。加上人类的捕杀，"大企鹅"的数量越来越少，最终灭绝了。因此，我们一定要保护南极企鹅，不然在不久的将来，也许人们就再也无法看到这些可爱的小家伙了！

智慧大本营

企鹅的主要天敌是豹斑海豹，当企鹅下水寻找食物时，这些家伙们就会快速游过来捕捉它们。这些海豹往往只捕捉那些身体较弱或生病的企鹅。据统计，一只豹斑海豹每天可以吃多达15只企鹅。

企鹅的名字是怎么来的？

企鹅有一个中文名字和一个英文名字。我们中国人称它们为企鹅，是因为它们的站立姿态。我们都知道，企鹅是一种不会飞翔的海鸟。虽然它们在水中可以快速游动，灵巧无比，可是到了陆地上，它们就变得很笨拙。它们像人一样站立着，此时身体的重心保持在两只脚上，这样才能站得稳。当它们站立在海边、雪地上的时候，很像是昂着头朝着远方眺望，好像在企望什么。因此，人们便叫它们为"企鹅"。

而企鹅的英文名字为"penguin"，一些人认为这是来自拉丁语"肥胖"的意思；而另外一些人则认为它本来是北方大海雀的名字，是15世纪的西班牙船员在第一次发现企鹅时误将它们当作是北方大海雀，所以叫了这个名字。后来，大海雀灭绝了，于是这个英文名字也就成为专指企鹅的称呼了！

智慧大本营

企鹅的脚没有防寒的羽毛，但它们的脚也不会被冻伤。这是因为企鹅的身体有一种机能，能在寒冷时减少脚部的血液流量；在暖和时增加血液流量，从而保证脚的温度，这样企鹅的大脚也就不怕冷了。

北极熊真的都是"左撇子"吗？

在北极地区，生活着一种凶猛的大个子，相信很多小朋友都已经猜到它是谁了。没错，它就是北极熊。

北极熊只生活在北极地区，它们是那里最大、最危险的动物。北极熊还有一个名字叫"那努克"，意思是"伟大的猎手"。

北极熊虽然凶猛强悍，可是它们也有很可爱有趣的地方，那就是——捕食猎物时总是习惯使用左掌。这使得人们怀疑北极熊是"左撇子"。

其实，并不是所有的北极熊都是"左撇子"，只不过大多数北极熊都习惯使用左掌罢了。动物中左撇子和右撇子的比例大致都是1∶1，而大多数北极熊则是左撇子，这是为什么呢？

北极熊生活在有大片浮冰的北极边缘地带，它们平时喜欢捕捉海豹来填饱肚子。在捕捉海豹时，它们会趴在冰面上。当海豹来到冰面上休息时，北极熊就会立刻冲上去将海豹抓住。北极熊可是非常聪明的，它们有一身白色的皮毛，为了隐藏自己，它们总是会用自己的右掌捂住自己的黑鼻子，以免被海豹发现。既然已经在用右掌捂鼻子，那就只好用左掌捕食了。久而久之，北极熊也大多成为"左撇子"了。

鲸鱼

海牛

海豹

海兽

什么是海兽？

在童话故事中，海洋中总是会出现各种各样的恐怖怪兽，它们身躯巨大、面目狰狞，让人非常害怕。那么在实际生活中，什么样的海洋动物才称得上是海兽呢？

小朋友们都知道，海洋中生活着数以万计的动物，它们有大有小，外形迥异。那么，这些动物中哪些是海兽呢？告诉你吧，现实生活中的海兽可不像童话故事中描述的那样恐怖无比。事实上，海兽通常指的是海洋哺乳动物，主要包括哺乳纲中鲸目、鳍脚目、海牛目以及食肉目的海獭等种类。像我们非常熟悉的外形非常像鱼类的鲸鱼，看上去非常笨拙的海牛、海豹等，都属于海兽的范畴。据统计，海洋中的海兽大约有130多种，它们是海洋世界的重要组成部分哦！

海狮是海中的狮子吗？

狮子是草原上的王者，很多动物见到它们都会望风而逃。然而，小朋友们知道吗？在神秘的海洋世界中生活着一种叫"海狮"的动物，那么，它是海中的狮子吗？

其实，海狮是一类动物的统称，共有十几种。它们的吼叫声非常像狮子的叫声，加上雄性海狮脖子上长长的鬃毛和魁梧的体魄，海狮可是像极了狮子呢！这就难怪人们称其为海狮了！

智慧大本营

海狮以北太平洋和南极海域为主要分布区，主要以鱼和墨鱼为食。它们对海洋的适应程度比较低，因此必须要在陆地上进行繁殖。值得一提的是，海狮们可是很恋家的哦！当海狮长大以后，它们一定会回到自己的出生地去进行繁殖，每一代都是这样的。

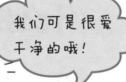

我们可是很爱干净的哦！

海獭为什么喜欢整理皮毛？

在海洋中生活着一种叫海獭的海兽，它们会游泳，以捕捉水中的动物为食，是一种非常可爱的动物。

海獭的头很短但却很宽阔，看上去怪怪的，不知道的人还以为它们没有发育好呢！更奇怪的是，海獭娃娃模样的脸上却长了浓密的硬须。海獭非常爱"梳理打扮"的呢！除了觅食和休息以外，海獭总是用相当多的时间来梳理、舐擦自己的毛。海獭的清理工作非常严格，皮毛、头尾和四肢都不放过，胸腹也总是被清理得干干净净。

不要以为海獭臭美，事实上，它们的这种"打扮"是为了自己的生存。原来，海獭的这身皮毛起着非常重要的保护作用，如果皮毛乱蓬蓬的，或者沾上了污秽，海水就会直接浸透皮肤，把身体的热量散失掉，海獭也会因此而被冻死。

斑海豹为什么又被称作海狗?

斑海豹是我国众多鳍脚类动物中数量最多的一种,主要生活在渤海与黄海北部地区。如果你仔细观察斑海豹,你会发现它们的头形与我们的好朋友——狗非常相似。也正因为如此,我国很多地区都将斑海豹称为海狗。

斑海豹是本领强大的潜水高手,最深能潜到300米,持续23分钟,这可是陆地上的狗狗们做不到的哦!

海豹为什么一上岸就"哆嗦"?

海豹是一种非常奇怪的动物,它们在寒冷的海水中上下翻腾、来去自如,可是当它们来到岸上后却总是不停地"哆嗦",让人非常不解。

科学家们经过大量的实验得出了结论:海豹之所以在陆地上"哆嗦",是为了保持自己的体温,以此让自己可以更长时间地进行潜水活动,寻找食物。

智慧大本营

海豹家族成员众多,其中象鼻海豹是世界上最大的海豹,当它们兴奋时,鼻子会像气球一样鼓起来;而食蟹海豹只吃磷虾,从不吃螃蟹,这个名字真是莫名其妙;还有威德尔海豹,它们的牙齿很锋利,可以迅速地在冰层上凿出气孔呼吸。

149

北极狐为什么又称白狐？

北极地区非常寒冷，一般的动物是无法在那里生存下去的。然而，北极狐却将北极地区视为乐土，常年生活在那里。

北极狐是北极地区的标志性动物之一，又被称为白狐。原来，北极地区下雪的时间非常长，这使该地区总是被冰雪覆盖。在白色的世界中，任何其他的颜色都会格外醒目，非常容易被发现。为了躲避敌人的攻击以及更好地抓捕猎物，北极狐便将自己全身的毛都进化成了白色。这样一来，它们就能够与大自然很好地融为一体，而在白色雪地上活动时不易被发现。因此，人们又称北极狐为白狐。

值得一提的是，当夏季来临的时候，北极地区的冰雪融化后露出了颜色很深的泥土和石头。此时，北极狐背上的毛又会变成淡灰色到黑褐色，而腹下则呈黄白色，使身体颜色与周围环境颜色协调一致。看来，我们称北极狐为变色龙也不为过呢！

海象真的很笨拙吗?

在北极地区的海洋里,除了鲸鱼,海象是最大的哺乳动物了。它们身躯庞大,憨态可掬。

当你看到海象身体臃肿的样子时,你一定会嘲笑它们笨笨的,可事实并不是这样的,它们行动起来远比看上去敏捷得多。

可以毫不夸张地说,海象可是运动高手呢!它们可以不停地游泳,能够飞快地向前滑行。不仅如此,海象还是潜水高手,能在水中潜游20分钟左右,潜水深度约达500米,有的海象甚至可潜入1500米的深水层。军用潜艇是人类潜水的重要工具,可同海象比起来,就显得笨重多了。

海象的长牙有什么用?

无论是雄性还是雌性,海象的嘴角都会伸出两根非常有特点的长牙,长牙长达80多厘米,重达4千克左右。很多人都对这两根大长牙很感兴趣,一些人认为这是海象的武器,可以与敌人搏斗并且可以将冰层捅破。不仅如此,海象还可以利用两根长牙攀登山崖。其实,海象的长牙最重要的作用是挖掘海底来寻找食物,也因为如此,海象也被形象地称为"水下耕耘者"。

海牛为什么被称为海里的"除草机"呢？

海牛是一种长相奇特的动物，虽然它身体胖胖的，外表也不十分好看，但憨厚的样子十分可爱。海牛是海洋哺乳动物，喜欢生活在浅海及河口地区。别看它体形那么大，体长可达3米，但却是个素食主义者，喜欢吃水草、海藻以及其他水生植物。与众多长相威武、凶猛的海洋动物相比，海牛显得非常绅士，它的食量很大，每天吃掉的水草重量相当于体重的5%～10%。据说海牛的肠子长达30米，这让它能够很好地消化更多的水草。

海牛在吃海草时非常有趣，它会像卷地毯一样一片一片地吃过去，就像人们用除草机剪除草坪，因此也被人们称为海洋里的"除草机"。海牛吃掉这些海草对海洋环境的改善有很大的作用，同时也疏通了河道，对人类有着巨大的帮助。

海牛也被称为"海洋清道夫"